COMMENT SE VENGENT LES BATARDS

PARIS — E. DE SOYE, IMPRIMEUR, 2, PLACE DU PANTHÉON.

COMMENT

SE VENGENT

LES BATARDS

PAR

EUGÈNE MURER

———

PARIS

Vᵉ HAVARD, Boulevard Saint-Michel.

—

1865

A MON AMI OUTIN

PRÉFACE

Quand des chiens étrangers passent par quelque endroit
  Qui n'est pas de leur détroit,
    Je laisse à penser quelle fête !
    Les chiens du lieu, n'ayant en tête
Qu'un intérêt de gueule, à cris, à coups de dents
    Vous accompagnent les passants
    Jusqu'aux confins du territoire.

. . . .

La coquette et l'auteur sont de ce caractère :
    Malheur à l'écrivain nouveau !

LAFONTAINE.

I

Chasse à courre.

C'était dans la soirée du 20 février 1830.

Onze heures venaient de tinter à Saint-Philippe-du-Roule, et chaque heure se détachant vibrante et sonore du beffroi centenaire, allait éveiller les échos endormis du quartier Saint-Honoré.

La nuit, une de ces belles nuits d'hiver splendide sous son nébul, poétique dans son silence, était depuis longtemps descendue sur le noble faubourg, enveloppant avec indifférence l'hôtel insolent du riche orgueilleux, l'humble chambrette du vertueux prolétaire.

La neige, tombant depuis le matin, avait recouvert la terre d'un blanc tapis d'hermine tout pailleté d'étoiles étincelantes, don magnifique du roi de la nature. La bise soufflait, les girouettes bavardes babillaient entre elles, et le pas monotone et tranquille du garde nocturne troublait seul le mystère des rues solitaires.

Comme les échos moqueurs achevaient de répercuter la dernière vibration de l'airain séculaire, une jeune fille, cachée sous une mante sombre, s'engagea dans la rue de Courcelle. Elle marchait vite, vite, faisant croasser la neige éblouissante.

Par intervalle, elle se retournait, écoutait avec anxiété, et frissonnait lorsque le vent capricieux, en se jouant dans les grands arbres des jardins voisins, faisait, sur les murs latéraux, grimacer de bizarres et fantastiques ombres.

Toujours inquiète, toujours frémissante au bruit le moins perceptible, elle traversa successivement les rues de Monceau, de l'Oratoire, et s'arrêta rue du Centre, devant une maison de somptueuse apparence. L'inconnue frappa discrètement trois petits coups sur la porte ogivale, qui s'ouvrit aussitôt et la laissa passer.

Au bruit que fit la porte en se refermant, un homme, vêtu en journalier, qui avait continuellement suivi la jeune fille, échappant à ses regards inquisiteurs par des prodiges de subtilité, se dissimula derrière une haie située sur un terrain circonvoisin.

Une demi-heure s'écoula, puis l'inconnue ressortit. Elle jeta un regard craintif sur le tapis blanc de la rue, et y remarqua les traces d'un passage récent; suivant alors la direction des empreintes gardées par la neige indiscrète, son regard alla fouiller le buisson receleur; mais aussitôt elle se repentit amèrement de sa curiosité et sentit tout son sang refluer vers son cœur en apercevant au-dessus de la haie deux yeux flamboyer comme ceux d'un chat-part.

L'homme à qui appartenaient les terrifiantes escarboucles, sauta précipitamment au bas du talus sur lequel il était grimpé, et s'avança vers l'inconnue. Celle-ci, en le voyant venir, fit un grand cri, puis se sauva en courant.

Poursuivie par son terrible chasseur, elle descendit le faubourg Saint-Honoré jusqu'à la rue de Berri : là, épuisée de fatigue, à demi-morte de frayeur, elle tomba sur ses genoux. L'homme la rejoignit.

— Enfin ! dit-il avec cet accent ironiquement traînard, particulier à la plèbe parisienne. — Nous allons pouvoir causer.

— Oh ! monsieur ! s'écria l'inconnue toujours à genoux et joignant ses jolies petites mains : — Je vous en supplie! ne me faites aucun mal, laissez-moi continuer mon chemin, je vous en garderai une reconnaissance éternelle.

—Bah ! de la reconnaissance ! je m'en soucie peu, fit l'homme en ricanant.— C'est autre chose qu'il me faut, comprenez-vous? Et son regard brillant d'une flamme étrange, se dardait sur la gorge divinement belle de la jeune fille.

Oh !... fit celle-ci, frissonnante comme une feuille d'automne caressée par le vent du soir. — C'est impossible ! Vous voulez m'effrayer ? N'est-ce pas, monsieur, continua-t-elle d'une voix douce et larmoyante qui eût attendri un tigre.

Pour toute réponse, l'homme avança la main.

La jeune fille se dressa droite comme une statue, pâle comme une morte.

L'homme la toucha.

Elle s'évanouit.

— Peuh !... j'aime autant cela, dit le misérable, et il se baissa.

Mais sa main sacrilége n'effleura même pas la robe de l'inconnue. Un vigoureux coup de poing appliqué sur l'oreille de l'impudique, l'envoya rouler dans le ruisseau, où il demeura couché, mort ou à demi. Quant à celui, qui, par sa subite intervention, venait de sauver l'inconnue du déshonneur, il se pencha vers elle et la contempla un instant en silence.

Etendue sur son lit d'étoiles rayonnantes, elle était blanche comme elles, belle comme lui.

— Ç'eut été vraiment dommage, dit-il avec un singulier sourire, et prenant dans ses bras la jeune fille toujours inanimée, il l'emporta ployée en deux comme une écharpe flottante.

Arrivé devant une porte cochère du faubourg Saint-Honoré, il la franchit et disparut.

La porte était à peine refermée, que l'homme couché dans le ruisseau releva doucement la tête. A la manière des reptiles il la promena lentement de droite à gauche. Se voyant seul, il se mit sur son séant, afin d'étancher le sang qui coulait de sa blessure.

Bientôt son regard se fixa sur une fenêtre faiblement éclairée, située au premier étage de la maison dans laquelle était entré le sauveur de l'inconnue.

— Ah! c'est ici que demeure Poing-de-Fer!... Très-bien, fit-il avec son intonation traînante, et s'approchant de la maison, il pencha la tête, fit couler dans sa main le sang qui ruisselait sur sa figure, et lorsqu'elle en fut pleine, il le lança contre la muraille. Le sang claqua, faisant un large stigmate pourpre sur le mur nouvellement blanchi.

— Voilà pour me reconnaître, dit l'homme se reculant et regardant le numéro — cent quatre-vingt quatre, continua-t-il en s'éloignant — je m'en souviendrai.

II

La chambre de la Mort.

Quand notre charmante inconnue, qui portait le nom adorable de Marie, recouvra l'usage de ses sens, elle était couchée sur un grand lit de chêne sculpté du haut en bas, dans une chambre au cachet étrange et admirable tout à la fois.

Perdu dans le plafond fait en dôme, un globe d'albâtre faiblement éclairé reflétait sur les tentures cramoisies à franges d'or, une lumière pâle et douce au travers de laquelle chaque objet apparaissait tremblant et incertain comme des ombres.

A une tenture latérale s'épanouissait, lançant d'étincelants éclairs, une panoplie splendide, composée d'armes aux reflets fauves et scintillants.

En face, sur une cheminée de marbre cipolin à entablement oblong richement sculpté, soutenu par d'élégantes cariatides du style Médicis, se dressait, avec un gracieux laisser-aller tout artistique, un bloc de porphyre bizarrement taillé, au fronton duquel se détachait, entouré par un nimbe d'escarboucle, un cadran d'opale aux heures incrustées d'améthiste.

Aux côtés de cette singulière pendule, s'élevaient les lignes nobles et sévères de deux lampes romaines.

Le reste de l'ameublement était à l'avenant : fauteuils en chêne merveilleusement travaillés, rideaux de cachemire pendant aux fenêtres, tableaux de maî-

tres disséminés çà et là, délicieuses cu-
riosités jetées dans un ravissant désordre
sur les consoles magnifiques.

Mais, ce qui formait un contraste
étrange avec les richesses de ce splendide
capharnaum, c'était un squelette complet,
debout sur un piédestal d'ébène, placé
au centre. Un grand manteau de velours
noir larmé d'argent tombait de ses épaules, en plis d'une sévérité lugubre, dont
plusieurs venaient se briser sur les bras
de cette effrayante statue. L'une de ses
mains se crispait autour de la faulx em-
blématique, l'autre, étendue par un geste
inflexible, désignait, écrit en lettres blan-
ches, sur un marbre noir s'échappant à
demi d'un sarcophage ouvert, ce distique
inexorable :

> Tu es né de la poussière,
> Tu retourneras en poussière.

Sentence terrible, devant laquelle le
front des criminels s'incline silencieux,

et sur laquelle tant de grands penseurs ont blanchi leurs cheveux.

Quel homme était-ce donc que celui qui, au milieu des fastueux raffinements que procure la richesse, n'appréhendait pas de faire surgir, avec une sorte de volupté sarcastique, le contraste magistralement cynique de l'opulence qui déprave l'âme et de la mort qui la régénère ?

Un ubiquitaire étrange assurément ou un esprit superbe ; mais dans l'un ou l'autre cas un fou magnifique.

Au reste, la suite de ce récit nous éclairera indubitablement.

En dévoilant ses yeux, le premier objet qui frappa le regard de Marie fut la tête grimaçante du squelette, qui, éclairée par une lumière intérieure, était hideuse à voir.

De l'extrémité de ses doigts, étendus vers le sarcophage, s'échappait une lueur bleuâtre, dont le reflet satanique caressait fantastiquement la sentence implacable.

Marie, épouvantée, fit un petit cri et se cacha sous la couverture soyeuse.

— Qu'est-ce ? dit une voix vibrante partant d'un coin du foyer.

Timide et frémissante, la jeune fille lança dans cette direction un coup-d'œil furtif.

Elle y aperçut un homme pâle tout vêtu de noir.

C'était M. de Frémès, son protecteur et roi de céans.

Adossé à la cheminée, il contemplait le squelette hagard, et paraissait plongé dans une profonde méditation.

Marie descendit doucement du lit. Puis, debout, respirant à peine, la main sur son cœur afin d'en comprimer les pulsations fougeuses, elle tenta de s'initier aux mystères de la transition féérique qui, des portes du déshonneur où elle s'était évanouie, la faisaient se resouvenir dans une chambre fastueusement originale, placée pour ainsi dire sous l'invocation de l'ange régénérateur.

Le résultat de cette téméraire évocation fut une nouvelle faiblesse morale. Marie s'affaissa sur un fauteuil plutôt qu'elle ne s'y assit.

Le fauteuil gémit en recevant la jeune fille.

Frémès tressaillit.

— Qu'est-ce? redemanda-t-il de sa même voix vibrante, qu'un ton d'impatience rendait quasi stridente.

Marie ne répondit pas.

Frémès s'avança vers elle.

— Ah! c'est vous, fit-il du ton d'un homme qui se ressouvient. — Approchez. Quoique cette injonction ressemblât plutôt à un ordre qu'à une invitation bienveillante, ou peut-être à cause de cela, tant est grand l'ascendant d'une volonté énergique sur un esprit affaibli, Marie obéit.

Frémès roula un siége près du foyer, fit signe à la jeune fille de s'y asseoir; puis il reprit en silence sa promenade.

De temps en temps Marie jetait à la dérobée un coup d'œil furtif sur son étrange protecteur, mais aussitôt elle rabaissait ses paupières, comme si ses yeux bleus n'eussent pu soutenir l'éclair scintillant que lançait continuellement la prunelle noire de Frémès.

Celui-ci s'arrêta brusquement.

— Quel est votre âge ? demanda-t-il.

— Vingt ans, répondit Marie palpitante.

— Vingt ans !... dit Frémès, monologuant sous l'obsession d'une pensée fixe. Vingt ans ! et elle deux cents peut-être...

— Tant mieux ! continua-t-il après un instant de silence, — le contraste n'en sera que plus admirable. Puis se croisant les bras, il s'approcha de la jeune fille.

— Convenez, mademoiselle, que grâce à moi vous avez échappé à un danger extrême ?

— Oh ! de grand cœur ! s'écria Marie surprise et reconnaissante, car jusqu'à-lors elle avait ignoré que Frémès fut son sauveur. — Permettez-moi de vous en remercier sincèrement.

— Ah ! ah ! des protestations ! s'écria Frémès en ricanant. — Les voilà bien tous ! continua-t-il avec une fougueuse amertune. — Pour une vie sauvée, un remercîment, pour un honneur conservé, une protestation, et, deux heures après, oubli parfait de tout cela; ou si l'on s'en souvient, ce n'est que comme une pénible obsession, un service intolérable ! Ah ! ah ! l'étrange hypocrite que cette espèce humaine !

Marie écoutait et regardait, mais maintenant sans crainte et sans frayeur. Douée d'un cœur admirable et d'une âme éminemment sensitive; l'un était ému, tandis que l'autre, sans trop comprendre l'amertume nâvrante des paroles de Frémès, percevait néanmoins que pour les prononcer ainsi, cet homme devait être ou avoir été bien malheureux et c'en était assez pour capter toute sa sympathie charmante.

— Oh ! mais tranquillisez-vous, reprit Frémès déridant son large front et rendant à sa physionomie l'expression froidement énergique qui caractérise tout homme frappé du sceau de Dieu. — Je n'exige pas de vous une reconnaissance éternelle, un peu de complaisance voilà tout.

— Parlez monsieur, dit Marie — et vous verrez qu'il y a encore des cœurs où fleurit la reconnaissance.

— Déshabillez-vous, dit Frémès de son laconisme simple et terrifiant.

Marie, des yeux, chercha une porte.

Elle n'en découvrit pas.

— Eh bien ! fit Frémès avec un sourire railleur, — vous parliez de reconnaissance ?

— Oui monsieur, répondit Marie en s'élançant vers la panoplie, mais ce n'est pas ainsi que je l'entends ; et redressant par un brusque mouvement sa fière petite tête, car à sa main brillait un poignard : — Ma reconnaissance consiste en un dévouement sans borne pour celui qui l'a fait naître. Vous m'avez conservé l'honneur et peut-être la vie, il y a encore trop peu de temps pour que je ne m'en souvienne plus ; mais ce que vous exigez de moi est trop infamant pour que j'y adhère..... Puis, malgré vos allures étranges, je vous crois honnête homme, et à ce titre incapable d'attenter à l'honneur d'une jeune fille placée sous votre protection.

Depuis quelques temps, Frémès ne l'écoutait plus. Il parcourait la chambre à grands pas en criant avec indignation :

— Honneur ! honneur ! toujours ce mot stupide, flasque et vide de sens. Honneur ! partout ce mot vous est corné, cité, gouaillé comme une admirable sublimité, comme la déification du beau et du bien ; tandis qu'il ne sert qu'à masquer les actions les plus lâches, qu'à dissimuler les ambitions les plus viles. L'un y drape son orgueil, l'autre en abrite son crime : si un brigand tue son frère, c'est pour

l'honneur ! si un fripon dérobe le pécule
de son voisin, c'est pour l'honneur ! honneur ! honneur ! tu es dans peu de
cœurs mais tu es sur toutes les lèvres et
ceux, qui ne t'ont que là font surtout
parade de toi ! Honneur ! aujourd'hui,
tout se fait par l'honneur, de l'honneur
et pour l'honneur. L'on tue, l'on pille,
l'on multiplie les sinistres ; mais bah !
laissez faire, c'est pour l'honneur !... eh
bien ! moi je ne possède pas une parcelle
de cette hideuse métaphore, dont se glo-
rifie (à si juste titre d'ailleurs) les ambi-
tieux, les imbéciles et les pédants. Je
suis un homme sans honneur, et n'en
suis que plus honorable. Le déshonneur
a présidé à ma naissance, eh bien !
tant mieux ! car c'est aussi lui qui m'a fait
riche et puissant, donc honneur au déshonneur ! déshonneur à l'honneur !

En développant ce fougueux paradoxe,
dont la violence même trahissait une
âme désolée ou un cerveau malade, Frémès était vraiment d'une beauté infernale;

son geste souverain, sa voix frémissante, son front tout sillonné comme celui de l'archange superbe, le faisait ressembler au génie du mal. Et on l'eût certainement pris pour Satan lui-même, tant il semblait pénétré et convaincu de ce qu'il disait, si l'amertume de son sourire et je ne sais quoi de péniblement sarcastique dans son regard ne l'eût victorieusement démenti.

Frémès se promena encore quelque temps en proie à une violente exaspération. Puis se calmant soudain, il s'approcha de Marie qui l'avait écouté avec un douloureux serrement de cœur, et lui dit tranquillement :

— Déshabillez-vous,

— Oh ! monsieur ! fit Marie suppliante.

— Déshabillez-vous, reprit froidement Frémès.

— Jamais !

— Désirez-vous donc que je le fasse moi-même ? demanda Frémès en avançant la main vers la jeune fille. Celle-ci recula en blémissant. Puis courant vers le squelette, elle en écarta le manteau lugubre et se drapa dedans.

Etrange chose que la peur ! Il n'y a qu'un instant, Marie appréhendait d'envisager la hideuse face du squelette, et maintenant qu'un danger la menaçait, elle venait par une impulsion spontanée, se placer avec confiance sous son égide.

La mort serait-elle donc véritablement un remède à tous les maux et l'instinct initiateur venait-il de le révéler à la jeune fille ?

Frémès, debout, les bras croisés, considérait le groupe étrange formé par Marie palpitante et la mort impassible.

— Magnifique ! fit-il — mais pas assez cependant pour réjouir et délecter mon âme. Je veux les voir toutes deux dépouillées de leurs oripeaux : l'une admirable et sublime comme la pensée de Dieu, l'autre, sombre et terrible comme le néant, et les confrontant, voir quelle pensée consolatrice ou désespérante surgira des réflexions pleines d'amertume ou de jouissances ineffables, qu'enfantera ce contraste impie de la vie et de la mort.

Et d'un geste rapide, il enleva le manteau noir qui drapait le squelette d'ivoire, et le lança dans la chambre.

Marie démasquée tomba sur ses genoux.

— Obéissez ! dit Frémès.

— Non !

Calme, et sans faire un pas, Frémès étendit la main.

Marie leva son poignard.

Frémès ne sourcilla pas, seulement sa main resta tendue et son regard rivé à celui de Marie.

Celle-ci fascinée par le fluide magnétique qui la pénétrait de toute part, sentit bientôt toute sa volonté domptée par une puissance inconnue, invincible.

— Abandonne ton poignard, ordonna Frémès.

La main de Marie s'ouvrit, et l'arme meurtrière s'en échappa.

— Lève toi.

Elle obéit.

— Déshabille-toi.

Marie blêmit et fit un geste éloquent de dénégation.

— Je le veux !

Deux larmes roulèrent sur les joues pâles de la jeune fille, mais elle porta ses mains à sa gorge et dégraffa son corsage.

Frémès tressaillit et s'approcha de Marie.

Retenu par un cordon de soie, un médaillon pendait au cou de la jeune fille.

Frémès prit une lumière et lut gravé en émail sur le médaillon richement ciselé :

MARIE-ROYAL.
PAUL-ÉMILE.

Ah ! malheureux ! s'écria-t-il — qu'allais-je faire?. . — Réveillez-vous ! Marie.

Celle-ci poussa un profond soupir, et tomba inanimée dans les bras de Frémès qui la porta sur le lit.

Frémès sonna.

Un valet parut.

— Faites atteler.

Frémès prit un flacon de sels, le fit respirer à Marie qui peu à peu revint à elle.

Frémès debout, une main perdue dans son gilet, l'autre pendante sans convulsions, considérait la jeune fille avec émotion.

— Comment ne l'ai-je pas reconnue, murmurait-il.

Marie ouvrit les yeux.

Ce que voyant, Frémès sortit de la chambre.

III

Mère et fille.

L'aube indiscrète, en turquoisant les vitres, surprit Marie agenouillée remerciant Dieu.

Un valet entra.

C'était Jean Nolter, le domestique de confiance du comte.

Avec sa figure froide et sévère, sa silhouette magistrale, il pouvait sans contredit revendiquer l'application du facétieux proverbe : « *tel maître tel valet.* »

— Mademoiselle, dit-il en s'inclinant avec une respectueuse déférence. — Je suis à vos ordres, que désirez vous?

— Rien, répondit Marie.

Nolter fit tranquillement un pas de retraite.

Marie le retint.

— Pardon, dit-elle—je désirerais sortir d'ici et retourner chez moi.

— La voiture est prête et vous attend.

— Qu'elle voiture?

— Celle de M. le comte, il la met à votre disposition ainsi que toute sa maison.

Marie descendit, de plus en plus étonnée par la conduite étrange de Frémès.

Dans la cour, faiblement éclairée des premières lueurs du jour naissant, attendait un élégant coupé, attelé de deux chevaux magnifiques, qui, impatients et rongeant leur frein, battaient le sol de leurs pieds superbes.

— Où faut-il conduire mademoiselle? demanda Jean.

— Rue de Paris, 95, à Belleville.

Les chevaux partirent au galop.

Une demi heure après, ils s'arrêtaient devant une maison de modeste apparence.

Marie se leva, la portière s'ouvrit, et Nolter, tête nue, abaissa le marche-pied.

— Merci monsieur, dit-elle simplement au sévère domestique; puis elle disparut sous le dôme d'un ténébreux corridor.

Arrivée au troisième étage, elle entendit le roulement d'une voiture; c'était le coupé qui s'éloignait.

La jeune fille monta quatre étages encore, et frappa à une petite porte latérale.

Une femme pâle, vêtue de deuil, ouvrit.

En apercevant Marie, elle fit un cri joyeux:

— Ma fille!

— Ma mère!

Telles furent les deux exclamations qui se croisèrent simultanément.

Mᵐᵉ Royal pressait Marie sur son cœur et la dévorait de caresses.

— Méchante enfant, disait-elle moitié grondeuse, moitié souriante, d'où viens-tu, si tard?

— O! mère!... si tu savais.

— Qu'est-ce donc? demanda madame Royale toute anxieuse.

— Écoute, reprit Marie.

Et s'étant assise sur les genoux de sa mère, la charmante enfant lui raconta tout ce qui lui était arrivé.

— Pauvre Marie! s'écria Mᵐᵉ Royale, en essuyant ses larmes, — si je t'avais perdu, que me serait-il donc resté, mon Dieu!... oh! vois-tu, ma fille aimée, bien certainement je serais morte de douleur.

— Oh! mère! mère! ne dis pas cela, fit Marie en étreignant follement madame Royale. — Dis donc, petite mère, continua-t-elle en souriant avec tristesse — nous n'aurons plus faim. Tiens, voici l'adresse d'un homme bienfaisant, que m'a donné ce monsieur de la rue du Centre.

Mme Royale regarda et lut la suscription suivante, écrite sur le dos d'une carte de visite.

PAUL DE FRÉMÈS.

Faubourg Saint-Honoré, 184.

— Très-bien, ma fille ; — j'irai le voir demain.

— Mère, j'ai bien froid, dit Marie.

— Dieu ! comme tu es blanche, en effet es-tu malade ?

— Non mère, peut-être sont-ce les conséquences de mon insomnie.

— Il faut te coucher, mon enfant.

— Oui, mère.

Et elle se coucha. En terminant sa prière, la jeune fille chercha son médaillon pour l'embrasser, ainsi qu'elle le faisait tous les soirs, mais elle ne le trouva pas.

—J'ai perdu le médaillon de mon frère, dit-elle.

Mme Royale tressaillit, et ne répondit pas.

— Bonsoir, mère.

— Bonsoir, ma fille.

Et Marie s'endormit pour se réveiller six heures après avec tous les symptômes d'une fièvre typhoïde.

Le docteur qui vint vérifier l'état de la jeune fille, confirma Mme Royale dans ses appréhensions.

— Beaucoup de soins, et surtout ne la laissez manquer de rien, dit le praticien en s'éloignant, sans cela, nous ne pourrions heurter la maladie avec avantage.

Lorsqu'il fut parti, Mme Royale jeta un regard désespéré sur le mobilier plus que modeste, épars dans la chambre, et la pauvre mère sentit son cœur se serrer en explorant ces murs nus, ces meubles tristes et mornes, au silence plein d'une navrante éloquence. Le buffet disait en son langage : « Sur mes rayons, rarement de pain, jamais de superflu. La commode continuait: « Depuis longtemps mes tiroirs sont vides, la misère implacable et le Mont-de-Piété rapace ont tout dévoré ; Plus rien ! Plus rien ! reprenaient-ils en chœur. Hélas ! pauvre mère ! Comment feras-tu pour sauver ton enfant ?... Et la mère désolée répétait machinalement ces paroles du docteur :

— Surtout ne la laissez manquer de rien.

— Mère, dit Marie en entr'ouvrant les rideaux de son lit virginal, — j'ai soif.

— Oh ! mon Dieu ! s'écria Mme Royale en tombant aux pieds d'un Christ appendu aux parois de la muraille. — Ayez pitié de moi ! Sauvez mon enfant !

« Si vous ne me jugez pas assez châtiée de mes fautes passées, par la mort de mon époux et la perte de ma fortune, frappez-moi encore, Dieu bon ! mais moi seule, moi seule, sauvez ma fille ! »

Et la malheureuse se tordait de désespoir, s'abîmait dans sa douleur.

— Mère, dit une voix musicale — ramasse donc cette carte qui est à tes pieds.

Mme Royale obéit, et fit un cri de bonheur en lisant :

PAUL DE FRÉMÈS,
Faubourg Saint-Honoré, 184.

— Merci !... dit-elle en lançant au ciel un regard et un baiser où elle mit tout son cœur de mère, puis elle sortit après avoir embrassé Marie.

En passant devant la loge de la concierge, Mme Royale pria cette dernière de vouloir bien monter auprès de sa fille.

Mme Durand, n'était assurément pas une de ces portières hargneuses, pédantes, revêches, en un mot aussi monstrueuses que beaucoup d'écrivains se délectent à les peindre, car l'excellente femme s'exécuta incontinent avec infiniment de bonne grâce.

Tranquille à l'égard de Marie, Mme Royale se dirigea vers le faubourg Saint-Honoré.

IV

Frémès.

Le lendemain de la nuit mémorable, dont nous avons décrit les phases émouvantes et terribles qui, unies aux alternatives de froid et de chaleur par lesquelles passa Marie, occasionnèrent en grande partie la fièvre qui alitait la jeune fille : nous retrouvons M. de Frémès, accoudé nonchalamment sur le balcon d'un salon admirable, ayant ses fenêtres sur le faubourg Saint-Honoré. De ce même balcon où, la veille, en regardant tomber la neige, il avait assisté au drame terrifiant, dans lequel de spectateur il s'était fait acteur, en envoyant rouler dans le ruisseau l'infâme violateur.

Quoiqu'il fut deux heures de l'après midi, le soleil était vraiment d'une pâleur mortelle. Ses rayons malingres et paresseux, argentaient à regret les murs et le balcon sur lequel M. de Frémès déployait sa taille élégante.

Sur une somptueuse robe de chambre, en velours noir, retenue par une cordelière d'or, se détachait, pâle et grave, la belle tête du comte.

Le regard de cet homme étrange, avait à la fois le profond du mystère et la puissance de l'aigle. Ses cheveux noirs et bouclés naturellement, parfaitement plantés, dessinaient la zone magnifique d'un front olympien, mais déjà sillonné par le remord ou l'amertume. Sur sa lèvre fleurissait une petite moustache fine et sévère, faisant ombre à une bouche railleuse et sceptique.

Tout dans Frémès était beau comme le courage, grand comme la souffrance.

C'était une de ces natures privilégiées, auprès desquelles les rois sentent tout leur prestige s'évanouir et comprennent qu'ils ne sont réellement que des hommes : Parceque, au front du génie qui passe, scintille le nimbe immortel ceint par Dieu, tandis qu'à celui des rois brillotte la couronne terrestre que place la volonté des peuples.

Depuis quelques minutes, l'attention extatique de Frémès se trouvait captivée par un petit nuage potelé, floconneux, tout diapré des riches nuances du spectre solaire ; phénomène d'autant plus rare que le thermomètre scellé extérieurement à la muraille, marquait cinq degrés au dessous de zéro.

Le comte admirait, admirait, et ne se blâsait pas..

Il fallut le babillage indiscret, d'une porte roulant sur ses gonds bavards, pour le sortir de la pamoison poétique dans laquelle le plongeait le charmant petit nuage.

Frémès se retourna pour tancer l'intru qui brisait son extase.

En apercevant Jean Nolter, impassible dans le rectangle de la porte, il garda le silence.

— Qu'est-ce? demanda-t-il froidement.

— Une femme inconnue.

— Jeune?

— Non.

— Vieille?

— Non.

— Introduisez.

Quelques secondes s'enfuirent.

— Mme Royale!... annonça Jean de sa voix grave.

Frémès chancela et devint livide.

— Elle!... fit-il en se soutenant à une console.

Mme Royale entra.

Calme et droit, Frémès lui indiqua un siége.

Mme Royale paraissait ne pas avoir

compris l'invitation, son regard était rivé à une adorable miniature, placée sur la cheminée, représentant une jolie petite fille toute rose, toute blonde, toute souriante comme un ange de Dieu ; et une émotion visible l'agitait.

Frémès ne réitéra pas, il croisa ses bras et attendit, les yeux fixés sur sa visiteuse.

— Pardon monsieur, dit celle-ci d'une voix tremblante. — Quel est ce portrait, je vous prie ?

— Je vous ferai la même question madame, répondit tranquillement Frémès.

Mme Royale considéra avec anxiété, le visage railleur de Frémès ; puis elle pâlit affreusement, et recula.

— Mon Dieu ! fit-elle, en voilant sa face de ses mains étiques. — C'est donc lui !...

Le comte ricana.

— En effet, madame, vous m'avez reconnu, dit-il ; mais pour cela il a fallu le concours de cette miniature, continua-t-il avec une impitoyable ironie.

— Grâce! cria Mme Royale en tombant à genoux. — Grâce! Paul, aies pitié de ta mère repentante.

— Je ne suis ni Paul, ni votre fils, madame, dit froidement Frémès. — Je me nomme Émile, comte de Frémès.

— Oh! c'est affreux! sanglota madame Royale. Il me méconnaît.

— Il y a vingt ans que vous m'avez spolié sans remords.

— Grâce! grâce!

— Non!!

— Mais tu n'as donc pas d'entrailles, que ma douleur ne t'émeut pas?

— Vous me les avez volées!

— Oh! comme je souffre! râla madame Royale, en se tordant sur le tapis.

— Voici cinq minutes seulement; dit le comte en tirant sa montre; et moi, madame, il y a vingt ans que je dévore mes larmes.

— Pardon, Paul !.. pardon ! J'ai été coupable, c'est vrai ; je n'aurais jamais dû me marier qu'avec ton père, ou du moins te faire adopter par M. Royale en l'épousant, je le désirais fermement, mais il n'a jamais voulu y consentir.

— Mensonges ! mensonges ! que tout cela, rugit Frémès en proie à une violente exaspération. — Mon père était pauvre et M. Royale millionnaire, voilà pourquoi l'un a été dédaigné sans pitié et l'autre accepté avec ivresse. Mon père vous aimait, il était beau, jeune, et vous avait déshonoré ; mais bah ! qu'importe ces vétilles !... M. Royale n'était-il pas vieux, laid, rachitique et hargneux ? N'avait-il pas un carrosse magnifique ! des chevaux superbes, des diamants éblouissants : des toilettes splendides ? Ne passait-il pas avec une bonhommie sublime l'éponge sur l'infamie de sa femme ? si ! Eh bien ! prends-moi optimiste admirable, couvert de rhumatismes et de pièces d'or ; à toi ma jeunesse, mais à moi tes millions ! à toi ma beauté, à toi mon amour, mais à moi tes caresses surannées.... à moi tes diamants, à moi tes exhalaisons méphitiques ! à moi ! à moi ! ce luxe insolent qui avilit, et tu vas voir comme je piétine sans vergogne l'humble pauvreté qui sauve. J'ai un fils ! Que me fait cela, je le mets aux enfants trouvés et j'en suis débarrassée. Ah ! ah ! ah !... digne pensée d'une coquette effrénée, d'une mère sans entrailles. Ah ! ah ! ah ! mais que ne feraient pas les femmes pour de l'or !

Et Frémès écrasait sa mère de tout le poids de son regard méprisant.

Mᵐᵉ Royale, toujours à genoux, pâle comme une morte, écoutait avec terreur les insultes sanglantes et les railleries implacables de son fils.

Vingt ans auparavant, la malheureuse avait méconnu son fils ; et aujourd'hui son fils la méconnaissait.

Elle avait insulté son berceau, il insultait sa vieillesse.

Elle avait raillé son cœur, il raillait son âme.

Châtiment terrible que Dieu infligeait à la mère dénaturée.

Avis à celles qui lui ressemblent.

. . . .

— Heureusement pour moi, et malheureusement pour vous, continua Frémès, les parents soi-disant cruels, avaient pris l'enfant en affection. Sa grand-mère maternelle le retira de la Charité et à la honte de sa fille, le fit élever chez elle.

Lorsqu'il eut dix ans, soit retour subit d'amour maternel, soit simple caprice, sa mère voulut l'avoir auprès d'elle.

J'étais jeune encore, madame, et j'eus pû vous aimer si vous l'eussiez voulu ; mais vous aviez juré de faire mon malheur, et vous le fîtes.

De son union avec M. Royale, la jeune femme avait eu une fille. La chronique le prétend ainsi, du moins, scanda Frémès avec une savante inflexion de voix.

3.

A cette dernière et suprême insulte, qui attaquait non-seulement sa dignité d'épouse, mais encore la légitimité de sa fille Marie, Mme Royale bondit sur Frémès, la main haute.

— Malheureux ! dit-elle, oublies-tu donc que je suis ta mère ?

— Vous ne me l'avez jamais montré, riposta froidement le comte.

L'infortunée retomba anéantie sur un siége.

— C'est cela, dit Frémès avec une ironie infernale, — on cause beaucoup mieux étant assis.

Nulles convulsions n'agitèrent madame Royale ; elle se sentait coupable et courbait la tête aux mélopées terrifiantes d'une voix mystérieuse qui lui murmurait :

— Châtiment ! châtiment !

Frémès la considéra quelque temps en silence, puis continua ainsi :

—Lors de mon arrivée chez vous, madame, votre fille Marie avait un an. Sous

prétexte d'extrême jeunesse, vous me con-
damnâtes à subir tout le fantasque de
ses moindres caprices, et certes, disons-le
à votre louange, elle en avait à profu-
sion. Habitué chez ma grand-mère à
donner un libre cours à mes volontés,
lorsqu'il me fallut chez vous ployer sous
celle d'un enfant beaucoup plus jeune
que moi, cela me parut fort tyrannique ;
cependant comme chaque rébellion de ma
part était incontinent gratifiée d'une cor-
rection brutale, je me résignai. Mais avec
l'obéissance passive, vint la réflexion
précoce, désolante caducité intellectuelle
qui, chez les enfants, ravage impitoya-
blement les plus admirables senti-
ments.

Bientôt, je m'aperçus que personne ne
m'aimait. Les valets me désignaient du
doigt et me riaient à la face, quand je
demandais quelque chose. Monsieur et
madame Royale ne m'accordaient nulle
attention, si ce n'est pour me châtier de
temps à autre. Contraint de vivre isolé

dans une maison où j'aurais pu être en
relations amicales avec une douzaine
d'êtres, je devins méfiant, timide et en-
vieux. A quinze ans, j'avais le visage
austère comme celui d'un vieillard. Oui,
madame, d'un vieillard !.. Regardez-moi,
j'ai trente ans et l'on m'en accorderait.
cinquante. Voyez mon front comme il est
sillonné, mon regard railleur, ma bouche
sceptique. Eh bien ! madame, tout cela
c'est parce que je n'ai jamais aimé personne, parce que dès mon enfance mon
cœur s'est atrophié sans retour au contact de votre indifférence et de votre mépris. Si je suis devenu méchant, sceptique et blasphémateur, c'est vous qui l'a-
vez voulu ; oui, madame, vous-même !
vous ! qui avez gorgé mon âme de fiel et
bourré mon cœur d'amertume; vous ! qui
avez écarté à jamais de mes lèvres la
coupe ineffable de l'amour régénérateur.
Oh ! c'est bien triste, allez, madame, de
ne pouvoir aimer personne, pas même un
chien !

La voix du noble comte était tremblante, et à ses cils pendait une larme.
Mais aussitôt, comme s'il eût eu honte de
son émotion, Frémès releva la tête,
grand et stoïque dans sa douleur.

— Voilà pourtant ce que vous avez fait
de moi, reprit-il, — de moi, qui, doué
d'une âme d'une sensibilité exquise, au-
rait pu connaître toutes les saintes émotions que procure l'amour maternel ; mais
non, au lieu de ces divines jouissances,
vous m'avez fait connaître la haine de
tout ce qu'il y a de plus sacré au monde,
et vos laquais m'ont appris comment
on méprise les hommes. C'est affreux,
n'est-ce pas ? et cependant cela s'est
fait, se fait et se fera toujours. Voilà ce
qu'il y a de plus affreux encore.

Anathème donc, aux femmes qui comme
vous, sont assez dénaturées pour sacrifier
sans honte leurs graves devoirs de mères
à de puériles vanités mondaines. Anathème aussi, à celles qui froissent les
âmes juvéniles de leurs enfants par des

préférences iniques, car ces froissements précoces étouffent la sensibilité sans laquelle il n'y a pas de vertu possible; le cœur s'endurcit, l'âme se corrompt, puis, de ces enfants faits hommes, les uns deviennent mysanthropes, et c'est le plus petit nombre; les autres se font bandits, et c'est le plus grand nombre. Alors la société clabaude après les uns tout en les estimant, et égorgille misérablement les autres, tout en s'appitoyant sur leur destinée; tandis que c'est de sa faute si ces deux antithèses surgissent aussi fréquemment de son sein.

Las d'être opprimé, obsédé par un profond dégoût de tout, sans rien connaître, je résolus de m'enfuir de votre hôtel. Les fragments d'une conversation honteuse, infamante, surprise inopinément par moi, activèrent ma résolution en la stimulant de l'orgueil.

Mme Royale releva la tête et regarda Frémès avec inquiétude.

Le comte poursuivit :

— Voici à quelle occasion vous me démontrâtes comme quoi l'amour maternel se trouve être un parfait paradoxe. Un jour, je m'étais endormi sur le tapis du petit cabinet contigü à votre chambre à coucher, lorsque deux voix graduées sur un diapason assez haut, me réveillèrent. Jeune, c'est-à-dire fort curieux, j'écoutai d'autant plus volontiers en reconnaissant votre voix et celle de M. Royale.

— Non ! non ! disait la plus douce et la plus acharnée. — Je ne veux faire aucun sacrifice pour ce garçon-là, c'est un idiot, un petit être stupide, dénué de toute intelligence, et qui n'arrivera jamais à rien, pas même à être manœuvre. Il est bête, eh bien, désormais il vivra avec les bêtes. Ma volonté est d'en faire un charretier.

— Charretier ! oui madame, oh vous l'avez bien dit ; charretier ! je m'en souviens parfaitement ; ce mot adorable, tombant de vos lèvres, à vous, ma mère !

est demeuré gravé dans ma mémoire par l'implacable burin du souvenir.

Mme Royale glissa sur ses genoux en joignant les mains.

— A quoi bon, vous répondit la voix grêle et cassée de M. Royale — ne sommes-nous pas assez riches pour assurer à Paul une position honorable? Mettons-le dans un lycée, et plaçons pour lui cinquante mille francs, dont il touchera les rentes sans pouvoir jamais disposer du capital : de cette façon nous....

— Cinquante mille francs! cinquante mille francs! interrompîtes-vous avec impétuosité. — Cinquante mille francs! allons donc, mon bon M. Royal, vous voulez plaisanter, je présume? car il est impossible, que de sang-froid, vous morceliez ainsi l'héritage de votre fille unique et légitime pour un....

— Oh! grâce! gémit douloureusement Mme Royale.

— .... Bâtard! acheva froidement Frémès.

— Cependant Paul est votre fils, hasarda timidement M. Royal.

— Mon fils! lui! jamais!... Je le désavoue, je l'exècre, je n'en veux pas, maudit soit le jour que je le conçus, et béni soit celui où il mourra !

—Mais! tais-toi donc! tu vois bien que je suis ta mère.... sanglota Mme Royale en se traînant aux genoux de Frémès.

Le comte recula avec dégoût.

—Ma mère! vous! jamais! je vous désavoue, je vous exècre, je ne vous veux pas, je ne vous veux pas! maudit soit le jour où je vous connus, et bénit soit celui qui vous tuera! dit Frémès avec une horrible mixture d'amertume et d'indignation.

Mme Royale courba la tête.

Cette terrifiante dénégation prononcée par elle il y a quinze ans, retombait aujourd'hui sur la mère dénaturée et l'écrâsait de tout le poids d'une effroyable malédiction. L'infortunée ferma les yeux et se boucha les oreilles pour ne voir ni entendre; mais, plus elle crispait ses paupières humides de larmes, mieux elle voyait flamboyer distinctement ce mot fatal tracé par la foudre vengeresse de Dieu :

Châtiment! châtiment!

Plus elle enfonçait profondément ses doigts dans les sinuosités caverneuses de ses oreilles, plus les voix qui bourdonnaient à l'entour devenaient éclatantes en se rejetant à l'envi, ce mot fatal tombé des lèvres frémissantes de Dieu :

Châtiment! châtiment!

V

Madame Royale.

Frémès reprit :

« Ce fut tout ce que j'entendis de votre admirable conversation. Mais si tronqué qu'eût été le fragment révélateur surpris par moi, il avait suffi pour exciter ma jeune indignation, et cravacher mon royal orgueil.

— Charretier ! moi ! m'écriai-je en redressant fièrement la tête, charretier ! lorsque je sens, là, derrière cet os frontal, tressaillir quelque chose. Je serais charretier! moi, qui, à quinze ans ai déjà fait mon premier rêve de gloire : oh! non, jamais!... plutôt fuir cette maison maudite. Je me glissai dans ma chambre, et après avoir fait un petit paquet de hardes, dans lequel je mis un médaillon de ma sœur, décroché par moi en traversant le salon, je m'esquivai sans être remarqué, tant l'indifférence était générale.

Trois heures après je franchissais la porte de Paris. Où irai-je?... comment subviendrai-je à mes besoins matériels?... tout cela m'inquiétait peu : ce qu'il m'importait beaucoup plus, c'était de m'éloigner au plus vite de M...

La nuit qui vint me contraignit au repos, je me couchai bravement au fond d'un fossé moussu, et m'endormis sans regrets. Ce fut un hennissement sonore qui me réveilla.

J'ouvris les yeux et me levai prestement, plus surpris qu'effrayé, car il faisait grand jour.

Debout sur le bord du fossé, le bras passé dans les rênes de son cheval; un homme à la figure énergique me contemplait.

— Qui es-tu? me demanda-t-il de sa voix rude.

— Et vous même? ripostai-je d'un ton de matamore.

L'inconnu sourit.

— Viens, fit-il en adoucissant le timbre de sa voix et tendant vers moi une de ses mains, tu es brave, et à ce titre, me plaît : si tu y consens, désormais je serai ton ami?

— Très-volontiers! répartis-je gaillardement en montant en croupe derrière l'étranger.

Cet homme, que la Providence m'envoyait, était le comte de Frémès, noble hidalgo exilé d'Espagne, pour barbotage politique.

Il allait en Amérique offrir son sang et son épée aux Mexicains, alors en hostilités avec l'Angleterre.

Ayant appris de moi que j'étais enfant du hasard, il m'adopta pour son fils.

Sous ce titre, je l'accompagnai dans toutes ses excursions, j'assistai à tous ses combats.

Ce digne et vaillant homme fut tué dans une escarmouche avec les Anglais. Avant de mourir, il me remit son porte-feuille, me serra la main une dernière fois et expira.

J'inhumai mon protecteur sous un magnifique magnolia, puis je m'éloignai, après avoir, sur sa tombe, enfoncé son épée en guise de croix.

Le portefeuille du comte renfermait ses titres, avec l'autorisation de m'en revêtir, plus, son testament et trois millions en banks-notes qu'il me léguait.

Riche, je m'abandonnai à ma fantaisie des voyages. Après avoir parcouru tout le nouveau monde, je visitai l'ancien : cet ancien, si fier de sa prépondérance, si orgueilleux de son chétif progrès, cet ancien qui se drape superbement dans son manteau souillé ; sur lequel éclate en lettres sanglantes ces mots à raturer de l'histoire des peuples :

GUILLOTINE

BAGNE

FOSSE COMMUNE ;

cet ancien, qui méprise souverainement les sauvages du nouveau : ces sauvages qui lui apprennent comment on se civilise : en respectant les cadavres, en abolissant la peine de mort, et en votant pour la république universelle.

Ayant tout vu, tout approfondi, las des hommes et de leurs puériles ambitions : indigné de leurs qualités aussi chétives que leurs défauts, je me fixai ici, résolu d'y attendre la mort. Mais le hasard ou Dieu, ce grand indiscret qui se mêle de tout, nous a rapproché, vous, pauvre et misérable, moi, riche et puissant. Franchement ! c'est tant mieux ! car aujourd'hui les rôles sont intervertis. Jadis, j'étais le faible et vous le fort ; à mon tour maintenant : bénit soit donc ce luxe insolent qui m'environne, puisqu'il me permet d'insulter à votre misère !

Et, s'étant approché de la fenêtre, le comte s'y mit, sans s'inquiéter davantage de Mme Royale.

Celle-ci, toujours à genoux, la tête inclinée en avant, le regard stupide, les bras inertes, le torse affaissé, sans convulsions, ressemblait à la statue du désespoir.

Tant que la douleur avait soulevé son sein et précipitée les pulsations de son cœur, l'infortunée était demeurée forte ; parce que la souffrance est une sorte de knout intellectuel, qui stimule les sensations de l'âme tout en la lacérant. Mais quand ce cri suprême : (*mais tais-toi donc ! tu vois bien que je suis ta mère !...*) parti navrant et sincère, du cœur bouleversé d'une mère repentante, vint se briser contre le dégoût de son fils implacable : alors tout fut fini.

Semblable à une tour en ruine qui,

battue par la tempête, vacille sur sa
base et ne se soutient plus que par un
miracle d'équilibre : au simoun du de-
goût de Frémès, sa douleur s'écroula sur
son cœur et l'ensevelit sous ses décom-
bres. Il ne resta plus rien dans cette âme
désolée, de laquelle la main de Dieu
s'était retirée emportant l'espérance :
plus rien ! rien que le désespoir ; le désespoir aux sombres révélations, le désespoir aux funèbres conseils.

Oh ! la malheureuse ! pourquoi avait-
elle renié son enfant ?

. . . .

Soudain, Mme Royale tressaillit : un
frémissement parcourut tout son être,
elle se leva brusquement, comme obéis-
sant à une impulsion galvanique.

Du chaos de sa pensée, une étincelle
avait jailli, embrasant son intelligence
qui, bientôt flamboya, éclairant la blanche
figure de Marie oubliée.

En un instant, toutes les terreurs de la
mère coupable s'évanouirent.

Par une de ces infâmes grandeurs, dont seul est capable l'amour maternel, madame Royale trépigna joyeusement ses remords, pour ne plus songer qu'à sa fille, sa fille malade, se débattant sous l'étreinte glacée de la mort.

Entre la femme qui, tout-à-l'heure, anéantie par le désespoir, s'affaissait morne et silencieuse sur un tapis splendide, et celle qui, maintenant, pâle et droite, fière de son infamie, superbe de son amour, il y avait tout un abîme.

Aussi, quand Frémès se retourna, au contact de la main de sa mère, ne put-il réprimer une expression admirative qui se perdit aussitôt sous un sourire railleur.

— Paul, dit simplement Mme Royale, j'ai été coupable, Dieu m'a punie ; j'ai été cruelle, tu es impitoyable ; Dieu jugera !... Une dernière demande, et je m'éloignerai d'ici. Marie est dangereusement malade, faute de nécessaire, la mort plane au-dessus d'elle, avec un peu d'or on pourrait l'en chasser; tu es riche, nous sommes pauvres; sauve ta sœur !

Sans faire le plus imperceptible mouvement, par une seule éloquente et savante inflexion de regard, Frémès désigna la porte à sa mère.

— Non!... fit énergiquement madame Royale, je ne partirai pas sans or!

— Comme il vous plaira, dit tranquillement Frémès en avançant un siége, pendant que vous attendrez ici, votre fille expirera seule, là-bas.

— Mais malheureux ! tu ne crains donc pas la justice de Dieu !

— Qui parle ici de la justice de Dieu ? demanda Frémès d'une voix éclatante. Est-ce bien vous, madame? vous! qui avez tout fait pour me précipiter dans le crime, et me rendre l'ennemi irréconciliable du ciel; car, sachez-le bien, il y a trois choses, pénibles à dire, qui fournissent, bon-an mal-an, quelques centaines de malheureux aux boulets des bagnes et à l'arbre patibulaire, ce sont :

L'ignorance, l'absence de famille et la misère. Eh bien ! vous, ma mère ! vous m'avez fait passer par ces trois terribles épreuves, auxquelles les consciences les plus droites même succombent ; car il n'y a pas de philosophie qui tienne contre le mépris, la honte et la faim. Si je ne suis pas devenu un scélérat, c'est parce que Dieu a eu pitié de moi ; il m'a envoyé un homme qui m'a donné tout ce que vous, ma mère, m'aviez refusé. Comprenez-vous, madame? un étranger sauvant des moignons de la guillotine, l'enfant que sa mère y avait jeté, en disant : bon débarras!.. Et c'est après un semblable sacrilége que vous osez implorer la justice de Dieu? Allons donc, folle ! sa colère a bouleversé toutes les fibres de ton cerveau. Tu divagues, tu blasphèmes ou tu railles !... vas donc, femme ! vas donc, mère, assister à l'agonie de ton enfant qui râle !

— Tais-toi ! infâme ! dit Mme Royale

avec empire et cesse de m'insulter ; il n'y a plus ici de mère coupable, mais une mère régénérée par l'amour maternel.

— Dépravée par l'amour maternel, dit Frémès, faisant allusion à la préférence de madame Royale pour Marie.

— Malheureux ! dit madame Royale en levant la main.

— Vous n'oseriez pas.

— Je n'oserais pas !... tiens !

— Frappez donc, fit froidement le comte, en saisissant au vol la main de sa mère.

— Misérable !... dit madame Royale, en se dégageant et se dressant effrayante devant Frémès, qu'elle écrasa de l'éclair de ses yeux, dans lesquels brillait toute son âme.

— Est-ce tout ?

— Tu m'as jugée et je ne t'en connais pas le droit, continua madame Royale, d'une voix imposante, tu m'as insultée, raillée, bafouée, moi ta mère, et la loi divine te le défend. Sacrilége, j'aurais pu te pardonner, si j'avais trouvé en toi assez de sensibilité pour consentir à sauver ta sœur. Elle mourra, et c'est toi qui l'auras tué, j'en mourrai et c'est toi qui m'auras tué. Sacrilége, parricide, fratricide, sois maudit !

Ayant prononcé cette terrifiante malédiction, madame Royale sortit du salon.

Frémès sonna.

— Portez ces dix mille francs chez la jeune fille que vous avez reconduite ce matin ; faites vite, et demandez madame Royale.

Dès que le laquais eût disparu, Frémès pencha lentement la tête sur sa poitrine. Lorsqu'il la releva, deux larmes roulèrent tranquilles et silencieuses sur ses joues pâles.

— Maudit !... voilà pourtant ou mène l'indifférence, dit-il avec une indicible mélancolie.

VI

Maudit!

Un mois s'est écoulé depuis que madame Royale a maudit son fils.

Il fait nuit.

Deux heures sonnent.

Le ciel est estompé de nuages sombres, quelques rares étoiles papillottent çà et là.

Un homme gravit le faubourg Saint-Honoré, il s'arrête à l'entrée de la rue de Berri, puis écoute.

Des pas animent le faubourg.

Un garde nocturne paraît, passe et se perd dans le lointain.

L'homme sort de l'angle du mur où il s'était blotti, s'avance vers la maison faisant face à la rue de Berri, puis écoute encore. Seul, le vent pleure dans les arbres des jardins voisins.

L'inconnu quitte son manteau, en sort une corde à nœuds, la déroule, et prenant le crochet de fer fixé à l'une des extrémités ; il le lance après le balcon du premier étage.

Le crochet vole, descend, mord la barre transversale qui domine les arabesques et y reste fixé.

La corde oscille, mollement bercée par la brise matinale.

L'homme écoute une dernière fois, explore toutes les zônes à la portée de ses regards, et s'élance.

Une minute après, il est sur le balcon.

La fenêtre qui y donne est ouverte.

L'inconnu s'en approche avec précaution, entr'ouvre deux amples rideaux souples, et plonge son regard dans la chambre qu'ils fermaient.

Elle est solitaire, silencieuse, presque sombre. Une lampe d'albâtre, fixée au plafond, l'éclaire de sa lueur blafarde.

Le hardi escaladeur pénètre dans la chambre, fait quelques pas, puis recule aussitôt.

Là, devant lui, une statue hideuse, drapée dans un long manteau noir, s'est dressée menaçante. Son bras droit est étendu vers un marbre sombre, sur lequel en lettres blafardes tremblotte ce distique :

> Tu es né de la poussière,
> Tu retourneras en poussière.

Mais bientôt, riant de sa terreur, l'inconnu s'approche du squelette qui l'avait provoqué, et, entr'ouvrant son manteau, il se glisse dessous. A peine y est-il, qu'une porte s'ouvre. — Un homme entre.

C'est le comte de Frémès.

Sa belle figure est plus pâle que quand

nous l'avons quitté, son front plus sombre, sur ses lèvres courre toujours ce même sourire pénible et railleur ; seulement, une expression de tristesse indéfinissable en atténue le mordant.

Il s'avance à pas lents, s'arrête devant le squelette, se croise les bras et le comtemple.

— Maudit !... murmure-t-il en hochant tristement sa tête mélancolique.

Puis le noble comte se dirige vers la fenêtre.

Arrivé près des rideaux, Frémès étendit la main pour les ouvrir, il ne le pût.

Un cri s'échappa de sa poitrine, il fit trois pas en arrière, chancela, et vint tomber aux pieds du squelette qui, hagard et grimaçant, lui montra l'implacable sentence :

Tu es né de la poussière,
Tu retourneras en poussière.

L'inconnu venait de frapper Frémès, d'un coup de poignard entre les épaules.

Alors, le misérable se pencha sur sa victime, lui dit en ricanant :

— Voilà comme je me venge. Un coup de poignard pour un coup de poing... quitte !

Ce fut lui qui devint blême tout à coup. Son regard prit une effrayante fixité ; sa bouche s'entr'ouvrit d'elle-même pour laisser passer, lente et prolongée, une exclamation d'horreur...

— Ah ! c'est toi, Kil, dit le comte d'une voix faible, après avoir scruté attentivement la physionomie de son assassin. — Eh bien, mon ami, cela devait être ainsi, continua-t-il avec mélancolie. — Tu étais l'un des trois hommes qui m'ont inspiré quelque sympathie ; je t'avais sauvé la vie, il était juste que ce fut toi qui m'ôta la mienne ; vas, mon pauvre ami ; je te pardonne, car tu n'as fait qu'obéir à la loi du mouvement... demande plutôt à M. de Voltaire.

Et Frémès souriait de ce sourire sarcastique, plein d'amertume et de tristesse qui, chez lui, trahissait tout le vide de son cœur, toutes les souffrances de son âme désespérée.

— Pardonnez-moi ! pardonnez-moi ! sanglotait le malheureux Kil, en baisant les mains du comte.

— Que je te pardonne? reprit Frémès, souriant toujours. Mais certainement, mon brave Kil... ah ! ah ! ah ! il me demande si je lui pardonne !... mais comment donc, sans doute ! Kil, sans doute ! sans doute.

— Autrement ! autrement ! dit Kil en frissonnant. Votre voix m'épouvante...

Le comte considéra en silence la rude figure de son meurtrier.

Avec son attitude suppliante et son visage ruisselant de larmes, il y avait vraiment chez cet homme une poésie âpre qui témoignait de la sincérité de son repentir.

— Allons ! dit Frémès d'une voix grave, le cœur de Kil a encore du bon,

Tiens, voici ma main, je te pardonne.

— O! merci! merci!

— Porte-moi sur mon lit, reprit Frémès, place-moi sur le côté... c'est cela, merci Kil. Maintenant, ouvre mon secrétaire. Donne-moi ce petit flacon bleu. Bien.

Le comte but quelques gouttes de cordial, puis dit d'une voix plus forte :

— Tu vois ce portefeuille placé sur le premier rayon, il contient cinq mille francs, je te les donne ; adieu, tâche de devenir honnête homme.

— Merci, monsieur le comte, dit Kil avec une certaine solennité. Les morts n'ont pas besoin d'or.

— Que veux-tu dire ?

— Je vais me livrer moi-même.

— Je te le défends ! reprit impérieusement Frémès. Les Laubardemonts fournissent assez de têtes au couperet de Sanson, sans que la tienne aille tacitement faire nombre parmi celles de ces parias. Va donc et hâte-toi, car je me sens mourir et j'ai besoin du peu de temps qu'il me reste à dépenser. Adieu.

Tout chancelant, tout hébété, stupide de reconnaissance, Kil alla prendre le portefeuille, puis, revenant près de Frémès.

— M. le comte, dit-il en s'inclinant, votre bénédiction, car vous êtes un ange.

Deux larmes tombèrent sur les mains de Kil.

— Merci... mon ami... dit Frémès fortement ému. Tu viens de me réconcilier avec les hommes; va donc, et sois honnête.

Kil baisa une dernière fois la main du comte, et s'élança vers la fenêtre.

— Voilà un homme, murmura Frémès en suivant Kil du regard qui, il y a cinq ans, sur la route d'Orléans, me demanda ma bourse ou ma vie. J'avais des pistolets; il avait un poignard. Je pouvais en le blessant le livrer au bagne, je lui laissai de l'or, mon nom et la liberté. Aujourd'hui, il me tue par vengeance, sans me reconnaître, et je le sauve du bourreau. Allons! mon pauvre Kil, tu étais prédes..... Le comte ne put achever, sa voix s'éteignit, un voile sanglant couvrit ses yeux et c'est à peine si de ses deux mains il eut la force de porter à ses lèvres son flacon de cordial. Mais aussitôt qu'il en eut humé quelques gouttes, le comte recouvra toute sa lucidité d'esprit, son regard devint lumineux, l'albâtre de ses joues se colora d'un brillant vermillon. Profitant du sursis perfide que le cordial puissant forçait la mort à lui accorder, Frémès sonna.

La silhouette magistrale de Jean, parut.

— Nolter, dit Frémès, je vais mourir.

— Vous!!... fit Jean bondissant près du lit.

— Je suis blessé à mort.

— Qui vous a frappé?

— Un assassin.

— Où est-il?

— Partout.

— Son nom?

— La fatalité!

— Ils me l'ont tué! sanglota Jean.

— Il pleure! lui... dit Frémès avec une navrante tristesse; et c'est mon laquais.... Oh! ma mère! ma mère! pourquoi avez-vous empoisonné ma vie? J'aurais eu tant de bonheur à dépenser avec magnificence les trésors d'amour enfouis au fond de mon cœur. Oh! oui, car aimer, être aimé n'est-ce pas le paradis sur terre, échanger son cœur pour un cœur, quel trafic sublime! et je ne l'ai jamais fait, moi! moi qui !.... Oh! mon Dieu! mon Dieu! comme je suis malheureux.... Et Frémès se cachait le visage dans ses mains.

Assis au pied du lit, Jean pleurait en silence.

Soudain, par une de ces folles réactions subites, particulières à ceux qui vont mourir, Frémès se dressa sur son séant et s'écria d'une voix vibrante :

— Oh! mais maintenant, je veux aimer, je suis riche de cœur; eh bien! je serai royalement magnifique... oui! je le veux!

Oui.

Oui.

Le comte s'interrompit.

— Je... le... veux... dit-il en souriant avec amertume. Pauvre fou, qui caresse d'éblouissantes chimères futures, lorsqu'il trébuche au bord de sa tombe, Ah! ah! ah! allons, mon pauvre Paul! bois à ta coupe de douleur; bois! bois! mais bois donc! la lie reste... Ah! ah! ah! . meurs! meurs! meurs moribond; meurs tout seul, comme un chien, sans même avoir la poésie de ta dernière heure... Ton malheur est au comble!

Le comte retomba inanimé.

Ce dernier et suprême effort pour railler la destinée l'avait anéanti; lutteur intrépide et malheureux, il tombait bravement en combattant au champ de la souffrance. Jean tenta vainement de le rappeler à la vie, Frémès balbutia quelques mots incohérents, parmi lesquels on put distinguer ceux-ci.

— Nolter, mon testament,...... mon tombeau... souviens-toi!...

Ce fut tout.

La mort avait conquis l'homme.

Jean ferma les rideaux, puis morne, sombre, il se jeta dans un fauteuil.

Lorsqu'il sortit de ses réflexions funèbres, le soleil riait dans la chambre.

On frappa à la porte.

— Entrez, dit Nolter.

C'était un de ses collègues.

— Deux dames voilées demandent à parler à M. le comte, dit-il.

— Ah!.... fit Jean d'un ton singulier. Introduisez.

Bientôt entrèrent madame Royale et sa fille.

Jean les reconnut.

— M. Frémès est-il visible? demanda Mme Royale.

— Oui madame, répondit Nolter avec

uue gravité imposante. Le voici, reprit-il en soulevant un rideau.

— Mort!... s'écria Mme Royale.

— Mort! fit Marie.

— Mort! répéta Jean, comme un écho lugubre, mort assassiné.

— Assassiné! dit Mme Royale en blémissant. — C'est vrai, continua-t-elle avec conviction, je l'avais maudit!

Et s'agenouillant auprès de Marie, elle pria.

Jean alla au secrétaire, y prit un paquet sur lequel était écrit « Testament, » et l'ouvrit. Il y trouva deux feuilles pliées en quatre, l'une portait pour suscription :

« A Jean Nolter. »

L'autre :

« A madame Royale. »

Jean ouvrit celle qui lui était destinée, et lut :

« Jean se chargera de mon tombeau,
« A cet effet je lui lègue 100,000 fr.
P. C. DE FRÉMÈS. »

Suivait le dessin d'une tombe étrange.

— Il voulait se tuer, pensa Nolter, Dieu l'a sauvé du crime.

Il remit le second billet à Mme Royale. Quelle fut la confusion de celle-ci en lisant :

« Comme ma mère,
« Mme Royale a empoisonné ma vie,
« comme récemment encore
« elle m'a maudit,
« il est juste
« qu'elle soit rémunérée
« selon ses œuvres,
« aussi la fais-je...
« ma légataire universelle.

« P. C. DE FRÉMÈS. »

— Vous le voyez, madame, dit Jean, il vous écrase de sa générosité jusque dans la tombe.

— Grand cœur méconnu, âme désespérée, prie pour moi ; car tu dois être puissante là-haut, dit Mme Royale.

VII

Un penseur au Père Lachaise.

Le ciel est bleu, le vent est frais. Le soleil caresse amoureusement la terre. Il fait beau.

Il fait beau partout, même sous les sombres cyprès du Père-Lachaise.

Les oiseaux perchés sur les arbres funéraires, gazouillent leurs plus frétillantes ariettes, toute la nature frémit sous l'étreinte du gracieux printemps qui la féconde et la fait belle.

Sous le souffle du Dieu régénérateur,

les bourgeons éclatent, les feuilles s'é-
panouissent. La coquette nature devient
sévère, poétique admirable, aussi toute
émue, lance-t-elle vers le ciel un hymne
reconnaissant.

Quel est cet homme au front sévère, au
regard profond, à la bouche douloureusement contractée qui, adossé à un frène
pleureur ; écoute avec tristesse babiller
les oiseaux.

Un penseur assurément.

— « Vous chantez petits oiseaux, vous
vous ébattez joyeusement sur les ifs du
champ des morts, vous sautillez sur les
mausolés, sans vous inquiéter de la blan-
cheur des marbres ; vous piétinez indif-
féremment les épitaphes menteurs : Heureux privilégiés !.... Pour vous, point de
soucis du lendemain, point de ces pensées désespérantes qui font les Érostrates
et les Jean-Jacques. Du plaisir, des
chants, du bonheur, voilà votre partage.
Vous dormez aussi paisiblement sur la
branche échevelée d'un saule en pleurs

sur une tombe, que sur celle tordue d'un chêne vert, riant dans la campagne. Tandis que l'homme, lui, frémit lorsqu'attardé le soir, il entend le vent pleurer dans les cimetières. Oh! que ne suis-je petit oiseau !... Vous avez des ailes, un instinct et l'immense empire des airs; l'homme a des bras, des jambes, un cerveau pour percevoir, une âme pour sentir; il est la plus belle pensée du créateur et rampe misérablement sur la terre : jusqu'à ce qu'il disparaisse à quelques pieds au-dessous... Vraiment! ce serait à prendre la vie pour une plaisanterie bouffonne, si parfois, oubliant la mort et la souffrance, l'homme ne revenait à la foi par l'amour. Amour! splendeur de l'âme! aube divine! création sublime parmi les sublimités de ce Dieu, qui, dans un moment de remords, entr'ouvrit le ciel et te laissa tomber sur la terre; rayon du paradis : amour! tu sauves l'homme du doute et du désespoir. »

Telles étaient les pensées que distillait l'esprit du penseur philosophe.

Bientôt, il haussa les épaules, d'une certaine façon qui, en langage mimique, signifiait clairement un : *enfin* indéfinissable.

La trivialité de ce bizarre mouvement, était ennobli par le monde de pensées éloquentes qu'il traduisait.

C'était un mélange sublime de révolte impie contre le créateur qui, destinant l'homme à être un malheureux misérable, osa le créer à son image, et cette étrange soumission d'un demi-dieu, qui se voit contraint d'incliner son orgueil superbe devant la majesté grandiose d'un Dieu souverain. Puis, le penseur continua sa promenade à travers la vallée de Josaphat.

Au détour d'une contre-allée, il se croisa avec une jeune fille, portant une modeste couronne d'immortelles.

Il la suivit.

L'enfant traversa plusieurs allées, et s'arrêta devant deux larges tranchées, creusées dans le sein d'une terre inculte.

— Fosse commune ! murmura sourdement le penseur.

La jeune fille s'approcha timidement d'une des tranchées et parut chercher quelque chose.

Une croix peut-être.

Mais elle ne la trouva pas, car ses bras retombèrent inertes le long de sa simple petite robe.

Assurément, la croix de bois peinte en noir, placée par l'enfant sur la tombe de sa mère avait offusqué un fossoyeur brutal, qui l'avait jetée bas, enlevant ainsi, pour la satisfaction de son caprice, ce seul bonheur qui restât à un enfant :

« Venir prier sur la tombe de sa mère. »

La jeune fille, navrée par cette profanation impie, se dirigea vers un arbre voisin, y coupa deux branches, les assujettit en forme de croix ; et revint planter cette croix à l'endroit où elle présumait que devait reposer sa mère, puis elle s'agenouilla.

— O fosse commune !... Voilà de tes œuvres, dit le penseur en s'éloignant, douloureusement affecté par le désolant spectacle auquel il venait d'assister.

En passant devant les tombes des Beccarias et des Filangiéris, il salua : devant celles des Jacques-Martins, il demeura couvert. C'était justice !

Comme notre penseur traversait une contre-allée, il s'arrêta court, devant un tombeau d'un forme étrange.

Sur une tablette de Carrare, reposait une bière en marbre noir. Derrière cette bière un squelette de Paros, drapé dans un grand manteau noir. La tête légèrement inclinée sur sa poitrine, étendait ses bras, desquels tombaient, en ailes fantastiques, les plis funèbres du manteau lugubre; l'un de ses pieds, levé au-dessus de la tête du cercueil, se disposait à écraser une large pensée qui s'y épanouissait.

Trois saules demi-circulaires, au feuillage éploré, laissaient tomber leur ombre légère, sur le bizarre mausolé.

Deux femmes en deuil, agenouillées priaient.

Adossé à l'un des saules, un homme les bras croisés, songeait.

Caché derrière le squelette, un autre homme pleurait.

Le philosophe, après avoir longuement contemplé l'ensemble de cet étrange tableau, s'en approcha et lut, gravé en lettres sombres, sur la tablette de Carrare :

« Mères qui passez,
« Ci-gît un bâtard. »

C'était le tombeau de Frémès.

UN DE PLUS! UN DE MOINS!

Tout ce qui est entré dans les lois, tend à la destruction des lois.

VOLTAIRE.

I

La peine de mort est funeste
à la société, par les exemples
de cruauté qu'elle donne aux
hommes.

BECCARIA.

Le 15 mai 18.., Marillac, étudiant en
droit, traversait le parvis de la métro-
pole. Un groupe de badauds entassés at-
tira son attention. Sachant par expérience
que la plus minime futilité suffit pour
occasionner une affluence de Parisiens dé-
sœuvrés, il allait passer outre, lorsqu'une
sinistre prédiction, formulée par un or-
gane rauque, en frappant son ouïe, vint
éveiller sa curiosité et le faire changer
de résolution

—Oui, grand chenapan !... tu mourras sur l'échafaud, vociférait la voix.

Marillac approcha du groupe.

Dans le centre du cercle formé par les curieux, deux personnages apocriphes se préparaient au pugilat, à la plus grande joie des spectateurs.

L'un des personnages, celui qui s'était attiré le lugubre pronostic précédent, représentait le prototype du bandit moderne. Petit, trapu, cheveux rouges, longs et sales, tombant en désordre sur des épaules carrées; front entièrement dissimulé sous un feutre impossible, nez crochu, bouche large, sensuelle, enfouie sous une barbe monacale tombant en cascades repoussantes sur une blouse jadis bleue, mais dont la nuance primitive avait disparu sous une couche épaisse de crasse et de reprises multicolores; pantalon de coutil gris, lacéré, coupé, frangé par le frottement des pavés; souliers superbement éculés, ayant voués haine mortelle à tout ancostique.

L'adversaire de cet homme, était une femme.

Quoiqu'elle fut d'une apparence assez rébarbative, il y avait cependant, répandu sur toute sa personne, un vague sévère qui réfutait la malveillance.

Grande, étique, les traits fortement accusés, le regard dur, le teint hâlé, la taille épaisse, sanglée par une robe de percale bleue qui, de ses hanches à ses talons, tombait en lignes perpendiculaires. Telle était la femme, mais cet appareil était si propre, qu'en l'étudiant avec attention, le cachet cynique qui vous frappait au premier examen, disparaissait pour faire place à l'intérêt.

Quand Marillac arriva, le mirmidon grinçait des dents.

Pour le vulgaire, il était hideux à voir ; pour l'observateur qui dans tout sait trouver la science, c'était un magnifique sujet d'étude.

—Oui, un jour tu seras guillotiné, reprit la femme étique en le menaçant du poing.

Les yeux de l'homme s'injectèrent de fibriles sanglantes, sa bouche se contracta horriblement et, avec un mouvement brusque, il se baissa rapidement, saisit une pierre pointue, puis s'avançant vers la malencontreuse pronostiqueuse, il leva le bras.

— La Souillotte, dit-il, d'une voix trillée par la fureur. — Si tu ne te tais pas, je fouille ta cervelle maudite, avec cette pierre.

La Souillotte ne sourcilla même pas.

— Fais cela, Marcof, et l'on te coupera le cou, dit-elle froidement.

— Ks! ks! fit un spectateur.

— Ks! ks! ks! répéta la foule, qui eût été charmée de voir les deux adversaires s'entr'égorger, tant il est vrai que l'homme est foncièrement égoïste, et cependant sur cinquante individus qui attisaient l'altercation, il n'en était peut-être pas un seul que l'effusion du sang n'eût

péniblement affecté ; mais la crainte d'ê-
tre hué ou bafoué, refoulait chez chacun
d'eux en particulier le bon mouvement qui
eût pu les porter à s'interposer, et l'égoïs-
me vainqueur de la pensée généreuse les
faisait collectivement méchants et lâches.

En ce moment, deux agents de police
parurent à l'extrémité de la place.

Marcof qui les aperçut, rejeta violemment sa pierre, puis saisissant la Souillotte par le bras, il lui dit, en la secouant
brutalement : —J'ai déjà *expédié l'autre*,
toi... Je te retrouverai.

— Je te retrouverai.

— La justice aussi te retrouvera, répli-
qua la Souillote avec sa glaciale placidité.

Marcof se retourna, un nouvel éclair
illumina son œil fauve, mais après avoir
lancé un regard oblique dans la direction
des sergents de ville, lesquels avançaient
rapidement vers le groupe, il secoua la
tête d'un air menaçant en regardant la
Souillotte, puis disparut dans la rue du
Cloître-Notre-Dame.

La Souillotte, sans rien perdre de son calme, sans manifester la moindre émotion, traversa lentement la foule qui s'ouvrit en tumulte devant elle.

Les agents de police arrivèrent comme de temps immémorial ils en ont l'habitude, c'est-à-dire, lorsqu'on n'avait plus besoin d'eux. Ne trouvant personne à incarcérer, et surtout n'ayant aucun sujet de déployer leur flasque éloquence dans un rapport aussi outré que pompeusement ridicule ils déchargèrent la maussadité d'esprit, que leur causa cette déception, sur les badauds désapointés qui, au lieu d'assister au dénouement d'un drame, se virent malmenés par les agents qui les rudoyèrent en les dispersant.

Marillac suivit la Souillotte. Cette femme singulière avait vivement piqué la curiosité du jeune étudiant. Rue de la Cité elle s'arrêta pour causer avec un petit garçon d'une dixaine d'années, pâle, maigre, hâve et couvert de vêtements sordides qu'il portait avec l'audacieuse insouciance d'un philosophe cynique. Tout en écoutant la Souillotte, il mordait à belles dents dans une plantureuse tartine de mélasse ; et, à chaque coup de dents il poussait un profond soupir en voyant la tartine diminuer sensiblement de volume.

Bientôt la Souillotte le quitta pour entrer rue du Haut-Moulin, où elle disparut sous le porche du n° 3.

La maison, au fronton de laquelle s'épanouit ce numéro, est remarquablement sinistre. La façade noire, haute de deux étages, bariolée de crevasses hiéroglifiques tracées par le temps, est percée d'une porte basse, massive, et de deux barbacanes grillées comme des fenêtres de prison. Quelque chose de lugubre et de criminel se dégage de cette sombre muraille que l'on ne peut considérer sans frémir.

Marillac, désireux d'avoir d'amples renseignements sur l'apocriphe Souillotte, alla droit au gamin qui, accroupi

au coin d'une borne, était gravement oc-
cupé à recueillir sur sa face blême, les
bribes de son festin.

Marillac tendit en silence une pièce de
monnaie au gamin.

Celui-ci se leva vivement, puis, prenant
une attitude ironique, il regarda d'abord
la pièce, ensuite les yeux de Marillac.

— Elle est à toi, dit ce dernier, je te
ladonne.

— Vrai !

— Oui, prends.

L'enfant obéit avec empressement, et
mettant ses mains dans ses poches, il se
campa devant l'étudiant et lui dit effron-
tément :

— Pourquoi me donnez-vous cela ?

— Pour savoir quelle est la femme qui
t'a parlé rue de la Cité.

— C'est la Souillotte.

— Que fait-elle ?

— Elle chiffonne.

— Que te voulait-elle ?

— Savoir si j'avais vu Brillard ?

— Qu'est-ce que Brillard ?

— Mon camarade.

— Son fils ?

— Je l'ignore.

A cette dernière réponse, profitant de la perplexité dans laquelle son laconisme obscur avait plongé Marillac, le gamin se retira sournoisement de quelques pas, puis, quand le vicieux se jugea à une distance assez notable pour opérer sa retraite sans encombre, il partit comme une flèche dans la direction d'une boutique d'épicier où il entra triomphalement.

Marillac, qui, d'un regard oblique, a suivi toutes les phases astucieuses de la manœuvre subtile du petit drôle, sourit en le perdant de vue et s'éloigna, résolu de ne plus songer à la Souillotte.

II

En passant devant la Morgue, Marillac
y entra. Trois cadavres de noyés gisaient
sur les marbres noirs.

Après un coup-d'œil indifférent, Marillac allait sortir, lorsque son regard, en
parcourant le groupe tumultueux des curieux qui, toujours, abondent en cet endroit lugubre, se heurta à une sombre
figure blottie dans la pénombre de la
porte ouverte. L'étudiant s'en étant approché, reconnu Marcof.

6.

C'était bien le colérique mirmidon.

Accoudé sur l'énorme triangle de fer qui maintenait la porte ouverte, son chapeau rabattu sur les yeux, il fixait avec calme le cadavre du milieu, un tout jeune homme dont la face était atrocement martelée. Les hardes pendues au dessus du cadavre attestaient une certaine aisance.

— Il n'y a pas longtemps qu'il est là, celui-ci, observa un des curieux.

— Depuis ce matin seulement, répartit un autre.

— Qui peut l'avoir conduit là ? fit un philosophe.

— La main d'un meurtrier, peut-être.

— Vous dites vrai, monsieur, il fut assassiné la nuit dernière.

— Vraiment ! s'écrièrent avidement plusieurs personnes, en se pressant autour du nouvelliste, grand et robuste gaillard, qui sourit en voyant l'attention publique se concentrer sur lui. — Oui, reprit-il, et j'ai été témoin du crime.

A cet aveu le cercle des auditeurs s'éloigna de son centre, le narrateur.

Celui-ci, dédaignant cette hostile méfiance, continua ainsi :

— Je demeure quai Saint-Michel, au sixième. Cette nuit, vers deux heures, j'étais à ma fenêtre, lorsque j'entendis crier : « Au meurtre !... » Il faisait fort noir ; je fermai les yeux pour m'habituer plus vite à l'obscurité. Quand je les ouvris, je distinguai vaguement un homme debout sur le parapet de la Seine ; il tenait dans ses bras une masse inerte qu'il balançait en cadence. Convaincu qu'un crime allait se commettre, je descendis rapidement, mais lorsque j'arrivai le quai était désert. Éperdu, je me penchai au-dessus du fleuve. Le remous produit par un corps tombant à l'eau, clapotait encore contre les grès. Plongeant aussitôt à cet endroit, j'en retirai monsieur, qui n'était plus qu'un cadavre. Son assassin l'avait tué avec un marteau avant de le jeter à la Seine.

La foule avait écouté morne, haletante, silencieuse.

— Pauvre jeune homme !... fit une belle fille en s'éloignant.

— Pauvre jeune homme ! répéta Marillac en dardant un regard scrutateur sur Marcof qui, immobile et impassible, regardait toujours le cadavre. Seulement, un observateur eut constaté que son chapeau était plus profondément rabattu sur ses yeux, qu'avant la sinistre narration.

— Reconnaîtriez-vous le meurtrier ? demanda Marillac au témoin du crime.

— Je ne le pense pas ; car à travers la nuit je voyais cet homme en masse indécise comme une ombre.

— Cependant vous remarquâtes la taille de cette ombre ?

— Oui, elle était petite.

— Et portait un feutre à larges bords ?

— Effectivement.

— Comme celui de monsieur, reprit Marillac, en se retournant brusquement vers Marcof.

Marcof avait disparu.

Marillac se précipita dehors, mais ce fut en vain qu'il battit la place et les rues convergentes.

Vivement intrigué par le concours des singuliers mystères qui semblaient entourer la conduite de Marcof, Marillac se demanda s'il devait aller communiquer ses soupçons et déceler le bouge de la Souillotte au commissaire voisin, mais craignant de compromettre d'honnêtes gens, il rentra sagement chez lui.

III

Huit jours après, Marillac ne pensait plus à cette affaire.

A l'exemple de beaucoup de jeunes gens, travailleurs comme lui, l'étudiant s'était fait un devoir de consacrer une grande partie du jour à l'étude.

Lorsqu'il prit cette résolution, après deux années de débauches, pendant lesquelles il ne parut à l'École de droit que que pour y prendre ses inscriptions, plusieurs de ses compagnons d'orgie voulurent l'en dissuader, mais quoiqu'ils fissent, il demeura inébranlable. La raillerie, les sarcasmes, la persuasion, tout se brisa impuissant contre sa volonté.

A six heures du matin, Été ou Hiver, Marillac était debout. Il travaillait chez lui, allait déjeuner, puis à l'École, rentrait à quatre heures, dînait et rejoignait ses amis au Luxembourg.

Un soir qu'il devisait avec l'un d'eux sous les dômes ténébreux de cette splendide promenade, dont le véritable nom devrait être Luxuriant-bourg, tant les richesses de la nature y foisonnent, ils furent abordés par une ombre en guenilles.

— Je suis ouvrier, père de famille, et l'ouvrage chôme depuis trois mois, leur articula l'ombre qui tendit vers eux sa main caleuse.

Au son rauque de cette voix, Marillac tressaillit ; cependant dissimulant son émotion, il mit une obole dans la main du quêteur.

— Merci, fit sourdement l'ombre en s'éloignant avec rapidité.

Marillac passa son bras sous celui de Verner (tel était le nom de son ami), et sans lui rien dire, le contraignit à suivre le mendiant qui sortit du Luxembourg par la rue de Fleurus. Lorsqu'il passa devant une boutique luxueusement éclairée, Marillac fit cette exclamation :

— C'est lui !

Puis s'adressant à Verner :

— Tu es mon ami ?

— En douterais-tu ?

— Non, certes ; et la plus belle preuve de ma foi en toi, je vais peut-être te la donner ce soir : tiens, voici mes clefs, cours chez moi, prends les pistolets qui sont dans mon secrétaire et reviens ici, je t'attends.

— Qu'est-ce donc que cet homme ?

— Un grand scélérat, je crois, mais hâte-toi, à ton retour je rassasierai ta curiosité.

Verner partit.

7

Marillac chercha Marcof, car c'était lui qu'il avait reconnu. Il l'aperçut arrêté devant la montre d'un boulanger.

— Serait-il véritablement père de famille, se dit Marillac ?

Marcof passa le boulanger et entra chez un marchand de vins.

— Croyez donc à la misère ! fit l'étudiant en haussant les épaules.

Bientôt revint Verner.

— As-tu changé les capsules, demanda Marillac ?

— Oui.

— Bien, donne-moi deux pistolets et garde les autres ; maintenant, viens.

Ils entrèrent chez le débitant et prirent un cabinet contigu à celui qu'occupait Marcof.

Par un hasard heureux, la cloison mitoyenne était trouée à plusieurs endroits.

Marillac se fit apporter du champagne, puis, derrière le garçon, il ferma la porte à clef.

Marcof était attablé devant un bol de

punch, qu'il humait d'un air farouche. A mesure qu'il buvait, son visage se couvrait d'une pâleur mortelle. Des plis sinistres lui ridaient le front et faisaient épouvantable l'expression déjà naturellement effrayante de sa tête de bandit.

Assurément, cet homme-là méditait quelque atroce forfait, car souvent ses mains disparaissaient sous sa blouse et un sourire de démon allait derrière la cloison faire frissonner les deux jeunes gens.

Quand le bol fut vide, Marcof tira de dessous sa blouse un long couteau qu'il enfonça dans la table.

Le couteau disparut jusqu'à mi-lame. Ce que voyant, Marcof l'arracha et héla le garçon.

— De l'absinthe.

On lui servit un carafon plein.

Marcof le vida d'un trait. Puis, après s'être promené de long en large, il revint à la table et recommença l'opération précédente.

Cette fois, la lame entra entièrement.

Un hideux sourire courut sur les lè-vres blêmes de Marcof. Il retira avec peine son couteau, puis, le brandissant, il s'écria d'une voix menaçante :

— La Souillotte! la Souillotte!

Et ayant caché son arme, il sortit.

Les deux amis rallumèrent le gaz.

Ils étaient blancs comme des suaires.

— Le misérable! fit Marillac en es-suyant la sueur glacée de son front.

— Il faut le faire arrêter, ditr Verner.

— Non, mais le déjouer.

— Comment?

— En prévenant la Souillotte.

— Est-ce sa femme?

— Je l'ignore, mais hâtons-nous.

Ils burent un doigt de champagne, puis s'élancèrent sur les traces de Marcof.

Ils l'aperçurent se coulant dans l'ombre projetée par les maisons de la rue Madame.

Minuit sonna à Saint-Sulpice.

IV

Tout en suivant Marcof, Marillac raconta à Verner ce qu'il savait d'étrange sur cet homme.

— Marillac, dit Verner d'une voix grave, lorsque son ami eut terminé sa confidence, non seulement je partage tes soupçons, mais je crois que nous agirions prudemment en prévenant la police, car ce misérable peut nous échapper. Il a pour lui toute la ruse remarquablement subtile d'un voleur de profession, unie au courage féroce qui est l'apanage des bandits de sa sphère. Il y a de la témérité à tenter l'inconnu.

Comme il achevait cet aphorisme, Marcof qui était à vingt mètres d'eux s'arrêta à l'entrée de la rue du Haut-Moulin et du regard explora les quais voisins.

Une vraie nuit de printemps, noire et mystérieuse, chaude et parfumée, les sauva des regards de Marcof.

Celui-ci satisfait du silence et de la solitude qui régnaient sur la cité, certain d'ailleurs de ne pas être inquiété par la rousse, qui rarement se hasarde dans ces dangereux parages, réveilla les échos, avec le cri lugubre de la chouette qu'il imita en voleur émérite.

Crainte ou instinct de la conservation, si puissamment naturel chez l'homme qu'il pousse deux mortels ennemis à abdiquer leur haine pour se réunir devant un danger imminent et inconnu, lorsque le cri funèbre porté sur les ailes de la brise nocturne alla frapper le tympan des téméraires étudiants, ils se rapprochèrent d'un commun accord et se serrèrent la main en silence.

— Que te disais-je, fit Verner à voix basse, il a des complices. Crois-moi, pendant qu'il est temps encore, vole au poste voisin.

— Tu es peu généreux, répartit Marillac, je t'entraîne dans une aventure qui se dénouera peut-être tragiquement, et c'est lorsque le péril se dessine et devient éminent que tu m'engages à être lâche. Fais ta commission toi-même et laisse-moi seul surveiller Marcof.

— Je suis trop ton ami pour cela, répondit tranquillement Verner.

— Que Dieu nous aide !

Et longeant les maisons, ils se rapprochèrent de Marcof. Ils l'entendirent murmurer sourdement :

— Gueux de Karof ! Il dort comme un moine. Tant pis, je ferai le coup à moi seul.

Cè disant, il s'engagea dans la rue du Haut-Moulin.

Marillac et Verner l'y suivirent et ne l'y trouvèrent pas. La rue était déserte.

Assuré que Marcof n'avait point eu le temps d'arriver au n° 3, Marillac hésita entre l'attente ou l'action.

— Si nous agissons là-bas, dit-il, peut-être laisserons-nous le meurtre s'accomplir : car je puis m'être trompé, la Souillotte peut ne pas demeurer ici. En attendant, le premier cri d'alarme nous indiquera où il faut intervenir.

— C'est sagement raisonné, mais qui sait si la maison du numéro trois ne recèle pas deux entrées? La disparition subite de Marcof accrédite considérablement cette version : voulant écarter les soupçons il sera entré dans un passage à lui connu. Séparons-nous, pendant que j'irai à la découverte, toi, écoute et observe ici.

— Je préférerais que ce soit toi qui restasses ici.

— Va donc. Et Verner s'enfouit sous le porche sombre d'une allée.

Marillac alla droit au numéro trois ; il trouva la porte grande ouverte et s'en étonna. — Après cela, dit-il, — elle peut peut bien rester ainsi toutes les nuits, et franchissant le seuil, il pénétra dans une cour méphitique. Les ténèbres étaient telles que l'étudiant ne pût rien distinguer. Prenant alors un pistolet tout armé, de sa main libre il palpa en le cotoyant avec prudence un mur qui se trouvait à sa droite.

Bientôt son pied heurta la première marche d'un escalier. Marillac en chercha la rampe et ne trouva qu'une corde qui en tenait lieu. Il monta vingt marches dans un palpitant silence, arrivé sur le palier sordide du premier étage, une terreur secrète, invincible, le saisit. Franchement il y avait de quoi ; seul, fourvoyé dans une sinistre maison, vrai repaire de

7.

brigands ; il pouvait être surpris et mas-
sacré sur l'heure sans que son ami pût le
secourir. Il faudrait donc mourir ! mourir à vingt-quatre ans, loin de sa mère
chérie dont ce serait la mort. A cette
pensée dernière, Marillac sentit s'enfuir
son courage. C'est surtout dans les dan-
gers suprêmes que la réflexion est dange-
reuse conseillère ; elle quadruple l'ima-
gination, la fait délirer, glace le sang et
perd l'être faible qui l'écoute. Heureusement pour lui, l'étudiant n'était pas de
ces chétifs, il paya un tribut à la peur
mais ne se laissa pas dominer ; bravant
sa défaillance morale il redressa fièrement
la tête, dont les yeux illuminaient l'es-
pace et poussa une porte latérale au
travers de laquelle il avait perçu de va-
gues bruits.

La porte grinça sur ses gonds rouillés.

Une façon d'ombre agenouillée sur un
grabat jeté dans un coin, tourna la tête.
Les yeux flamboyants qui cherchèrent Marillac ne le découvrirent pas, car le jeune

homme s'était prestement élancé derrière la porte.

— Qui va là ? gronda sourde et terrible la voix rauque de Marcof.

Marillac ne dit mot.

— Est-ce toi, Souillotte ? reprit le mirmidon en se dressant mû par les ressorts de la défiance.

Même silence.

— Serait-ce le vent?... et Marcof se tint immobile et penché, l'oreille aux aguets. N'entendant rien il monologua ainsi : Pourquoi la Souillotte n'est-elle pas ici?... Elle s'est donc méfiée de moi?... Oh ! je sais où tu te caches, continua-t-il avec un ricanement diabolique, ta tanière m'est connue.

Marillac vit une lueur bleuâtre trembloter au fond de la chambre.

C'était une allumette que Marcof faisait flamber.

— Courage ! pensa Marillac, et ayant essuyé la sueur de son front il arma son deuxième pistolet.

Au bruit sec que fit la batterie, Marcof bondit sur ses pieds.

— Qui va là ? cria-t-il d'une voix frémissante.

A ce moment, l'allumette qu'il tenait à la main éclaira le bouge comme l'eût fait un météore et s'éteignit.

Mais si rapide que fut la lumière, elle suffit pour dévoiler Marillac.

Marcof poussa une exclamation sauvage et s'élança sur l'étudiant. Il recula en rugissant.

Son front venait de se heurter aux canons glacés des pistolets de Marillac.

— Misérable ! dit ce dernier d'une voix retentissante et s'avançant au centre de la chambre. — Je connais tes desseins criminels ; tu veux tuer la Souillotte, mais moi je viens t'en empêcher et te punir.

Un éclat de rire infernal lui répondit.

La lune qui jusqu'alors était restée invisible, parut escortée d'un groupe de petits nuages floconneux.

Cette intervention sauva Marillac du couteau de Marcof. Le bandit profitant de l'obscurité et de la parfaite connaissance du lieu , s'était coulé à terre et rampait autour de l'étudiant, cherchant un endroit pour le frapper mortellement.

Quand la lumière se fit, Marillac aperçut Marcof prêt de l'atteindre à l'aine gauche. Il se jeta vivement en arrière.

Le couteau lancé avec violence s'enfonça dans le parquet.

Marillac, prompt comme la pensée, mit le pied dessus et brisa la lame ; puis il se retourna pour tirer sur Marcof, car il comprit que s'il ne le tuait pas, il allait être infailliblement égorgé ; mais le bandit avec une agilité incroyable s'était élancé et fermait la porte quand Marillac l'ajusta.

Le coup partit.

Un ricanement sinistre retentit.

— Ah ! le maladroit ! vociférait Marcof derrière la porte qu'il ferma à double tour. A moi camarade ! à moi !... Il y a un oiseau dans la cage, c'est de la rousse, massacrons-le! hurlait-il en trépignant avec une joie féroce.

Marillac se vit perdu, il n'avait plus qu'un pistolet chargé et peut-être allait-il se trouver en présence de plusieurs brigands déterminés.

Il courut à la fenêtre, d'énormes barres de fer lui en interdirent le passage.

La voix de Marcof retentit de nouveau.

— Tu as du bonheur! cria-t-il par la serrure. — Il n'y a personne ici, ils sont tous à travailler, tu ne perdras rien pour attendre. Je vais aller expédier la Souillotte, ensuite ce sera toi. Au plaisir de nous revoir, continua-t-il avec une cruelle ironie; les barreaux sont solides et la serrure est bonne. Il descendit en éclatant de rire.

Un suprême espoir vint dilater le cœur de Marillac. Verner! il se souvint de son ami!

En traversant la rue, Marcof brandit un autre couteau en riant toujours de son rire épouvantable.

—Verner ! Verner ! cria Marillac éperdu, tue-le ! tue-le !...

Une détonation suivie d'un cri lamentable lui répondit : puis tout rentra dans le silence. Marillac écouta, le cœur tordu par une douloureuse angoisse.

Aucun bruit n'anima la rue.

Alors une rage le prit; une de ces rages terribles, désespérées, qui triplent les forces et font accomplir des prodiges; car c'est la dernière lutte de l'espérance contre la fatalité, lutte titanique qui sauve ou qui tue.

Le jeune homme secoua avec frénésie les barreaux, mais comme l'avait fait observer judicieusement Marcof, qui les connaissait, ils étaient solides ; il se rua sur la porte. Marcof l'avait dit : la serrure était bonne. Revenant près de la fenêtre, par un effort de volonté sublime, il saisit la barre transversale pour la briser si faire se pouvait. Prodige inouï ! A peine l'eut-il poussée que la grille tournant sur des gonds adroitement dissimulés se bifurqua ouvrant une large voie libératrice.

La barre recélait un ressort secret. En la secouant, Marillac avait pressé le bouton qui la faisait jouer et la grille s'était ouverte.

Par une étrange anomalie, Marillac refusait de croire ses yeux.

— C'est impossible ! je rêve! je suis halluciné! disait-il, hors de lui ; le visage en désordre, chancelant, presque tant la joie le mordait profondément au cœur.

L'accès de cette enivrante folie dissipé, Marillac se pendit à la grille et au risque de se rompre le cou, se laissa choir sur le pavé où il tomba heureusement.

V

Remis de sa chute, Marillac s'élança sur les traces de Marcof.

Arrivé à l'endroit où il avait quitté Verner, il se buta à un corps étendu sur le ruisseau. Il se releva en maugréant, s'approcha de l'objet, cause de sa chute, et pâle, blême, recula en faisant un cri d'épouvante.

Verner était à ses pieds, expirant d'une large plaie au côté gauche.

Fou de douleur, Marillac se pendit à

la première sonnette qu'il rencontra ; et le cordon lui étant resté dans les mains, il se sauva en riant aux éclats.

Sur le quai Napoléon, il fut arrêté par un brigadier de police.

— Ah ! c'est vous lui dit Marillac en grelottant et hachant ses paroles. — Allez vite, il meurt... Là ! là ! là ! faisait-il en désignant par une affreuse pantomime l'entrée de la rue du Haut-Moulin.

Le prudent brigadier jugeant qu'il y avait de la témérité à s'y aventurer seul, tira d'un sifflet un son particulier qui fit surgir six agents subalternes.

Les sept *braves* entrèrent alors, brigadier en tête, dans la sinistre rue, où bientôt ils trouvèrent Verner inanimé.

Une fenêtre s'ouvrit au premier étage d'une maison voisine. Un homme en costume nocturne y parut. A la vue du groupe d'agents, il referma vivement sa fenêtre.

Le brigadier le héla brutalement.

— Oh ! là, monsieur ! cria-t-il, — au nom de la loi, descendez ici avec de la lumière, sinon nous enfonçons votre porte.

Le pusillanime quidam, loin de se câbrer devant l'arbitraire de cette injonction, obéit avec le lâche empressement de la faiblesse. Après avoir donné des torches aux sergents de ville, il se disposa à rentrer chez lui.

— Un instant, dit avec empire le brigadier en l'arrêtant par le bras. — N'avez-vous pas entendu crier monsieur, lorsque son meurtrier l'a frappé ? continua-t-il en montrant alternativement Verner mourant et Marillac qui considérait cette scène avec une navrante indifférence.

— Non, messieurs, répondit le quidam. — J'ai seulement entendu sonner chez moi.

Le brigadier, après avoir pris le nom du propriétaire et le numéro de sa maison, le laissa rentrer.

Deux agents prirent Verner dans leurs

bras. Ceux qui portaient les torches se placèrent de chaque côté du moribond. Deux autres se mirent en avant, ayant Marillac au milieu d'eux,

Le brigadier prit la tête du funèbre cortége.

Il y avait quelque chose de profondément lugubre à voir défiler, morne, silencieux, ce sombre groupe traversant lentement les rues désertes. Par intervalle, la lune dévoilée l'inondait de sa clarté blafarde, et en son absence, la lumière, convulsive et sanglante des torches voltigeant sur lui, y imprimait un cachet fantastique plein d'une terrifiante majesté.

Quand le cortége fut entré dans la cour de la préfecture, une ombre qui depuis un instant le suivait obstinément, se détacha des maisons, et s'avançant sur la chaussée, montra le torse ignoble de Marcof.

— A merveille ! fit-il en se frottant les mains.

— Ça va bien. Vraiment j'ai un bonheur de damné. Ce bon jeune homme payera pour moi, car l'infaillible justice humaine va encore commettre une de ces atroces bévues qui la stigmatisent honteusement, et lui gagnent la déconsidération sociale, et leur bon Dieu qui est juste, qui punit le coupable et disculpe l'innocent, leur bon Dieu n'y pouvant rien, laissera la fatalité poursuivre son œuvre infâme, parce que la fatalité, c'est lui, lui le génie du bien et du mal... Dieu bon et juste. Ah ! ah ! quelles balivernes, et comme les habiles attrapent des mouches avec ce miel-là.

Ayant blasphémé ainsi, le renégat s'éloigna tranquillement sans que la terre ne l'engloutît, sans être foudroyé.

Le chirurgien appelé auprès de Verner déclara l'inutilité de ses soins.

— Si vous voulez des révélations, dit-il, donnez-lui du rhum. Dans deux heures il sera mort. Il dit vrai.

Après une effrayante agonie, Verner expira, maudissant Marillac et l'accusant de sa mort.

Quoique dictée par le délire, cette accusation fut jointe aux charges accablantes qui pesaient sur Marillac.

L'étudiant était d'une tranquillité épouvantable. Assis à quelque pas du grabat sur lequel râlait Verner, les coudes sur ses genoux, sa tête pâle plongée dans ses mains, le regard étrangement fixe attaché au sol, il assista à la mort de son ami qui l'envoyait à l'échafaud avec l'indifférence d'un enfant, l'insensibilité d'un terme, l'insouciance d'un fou.

Marillac était fou.

La variété terrible des émotions de cette nuit, fertile en atrocités, avait brisé sa raison.

Le lendemain, quand le juge d'instruction lui demanda s'il était le meurtrier de Verner, Marillac le regarda fixement de ses grands yeux étonnés, et répondit affirmativement par un signe de tête.

La folie du malheureux Marillac était de se croire véritablement l'assassin de son ami.

Toutes les questions qui lui furent faites, il les résolut avec une netteté, une précision qui mit en défaut la science des docteurs, déférés pour l'éclaircissement de son aliénation ; ces honorables docteurs prirent sa folie tranquille pour une cynique dépravation ; d'aucuns même cherchèrent et lui découvrirent la bosse du crime très-proéminente.

N'ayant aucun mystère à pénétrer, le procès marcha rapidement. En vain, l'avocat de Marillac déploya des prodiges d'éloquence persuasive, en vain sa famille tenta plusieurs démarches auprès du souverain, tout fut inutile. Le jeune homme se condamnait lui-même ; il fallait que la justice des hommes eût son cours.

Elle l'eut.

Ah ! mais... dame Thémis ne lâche pas ainsi ses victimes lorsqu'elle en saisit une innocente ou nom ; elle la jette à sa meute noire en disant : — Disséquez-moi çà. La bande obéit en poussant des clameurs discordantes, offrant à la société, toujours avide de voir un de ses membres martyrisés, le triste spectacle de plusieurs hommes, disputant à un seul, avec un acharnement incroyable, un clabaudage inouï, la vie de son frère qu'il défend intrépidement de son éloquence. Spectacle qui serait horrible si la gravité comique des acteurs, leurs désopilantes tournures et surtout leurs faces disgracieuses n'en atténuaient l'atrocité.

Marillac fut condamné à la peine de mort.

Lorsqu'on lui lut son arrêt, aucun muscle de son placide visage ne remua ; seul, un éclair jaillit de ses yeux qui aussitôt reprirent une expression naïve.

L'âme avait inutilement tenté de dévoiler le cerveau.

L'auditoire était vivement ému, la

jeunesse, la douceur, et particulièrement la beauté intéressante de Marillac lui avaient concilié toutes les sympathies.

— C'est impossible, faisaient les femmes, ce jeune homme n'est pas, ne peut pas être coupable.

— Ah ! vous croyez ça, leur répliquait une voix rauque ; parce que le condamné est beau, c'est impossible qu'il soit un assassin ; alors moi qui suis petit, laid, hideux, comme l'on dit quelque part, je dois en être un ?... Cependant vous voyez l'Adonis au banc des criminels, et moi à celui des honnêtes gens, achevait Marcof ricanant.

. . . .

Le jour de l'exécution, une foule imposante entourait la *vieille* machine.

Quand Marillac parut, debout sur la charette fatale, un frémissement d'horreur serra les cent mille cœurs qui battaient là.

Marillac était si beau, si calme, il marchait à l'infamie avec une telle naïveté, qu'il fit pitié même au bourreau. (Ils en ont quelquefois).

Arrivé au pied de l'échafaud, Marillac s'arrêta subitement. Il regarda successivement la guillotine hagarde, le bourreau impassible, la foule frémissante, le prêtre consolateur.

— Mon Dieu!! cria-t-il d'un accent déchirant. — Où suis-je? — Comme il chancelait, les aides du bourreau descendirent et le traînèrent sur la plate-forme.

La foule s'agitait. Une rumeur sourde courait menaçante; les gardes avaient peine à faire digue.

Le bourreau s'approcha d'un côté de Marillac et étendit la main. Le prêtre, de l'autre côté, abaissa lentement le Rédempteur sur la tête de l'étudiant.

Celui-ci les repoussa violemment.

— Arrière! dit-il d'une voix terrible.

— Arrière, malheureux!... Vous allez commettre un crime inique dont vous aurez à rendre compte à Dieu, sinon aux hommes. Ah ! je me souviens maintenant, continua-t-il en sanglotant. — Verner, mon ami !.,. mort ! assassiné... Marcof! Oh ! le misérable ! et comme son regard parcourait la place, il rencontra celui de Marcof qui, avec un raffinement de férocité inouïe, avait voulu assister à son supplice. Alors, fier et superbe :

Vous allez me tuer, dit-il d'une voix empreinte d'une suprême majesté — la voix de Dieu — et le véritable meurtrier est là, perdu dans cette foule, que mon sang... Il s'évanouit.

— Ce garçon devient fou, marmota l'exécuteur. Tandis que le prêtre foudroyé entrevoyant la vérité, s'agenouillait en jetant autour de lui un regard éperdu. Le bourreau, homme humain, fit un signe. Ses aides couchèrent Marillac, toujours inanimé, sur la planche, le ficelèrent, le bouclèrent, et le firent couler sous le couteau, qui tomba aussitôt.

Un cri retentit.

Tout était fini.

La justice des hommes avait passé là.

Le même soir, Marcof disait à ses amis :

— Il a fait une fameuse grimace.

FIN

TABLE

Comment se vengent les bâtards.

I. Chasse à courre............................ 5
II. La chambre de la mort..................... 13
III. Mère et fille............................. 29
IV. Frémès................................... 37
V. Madame Royale........................... 55
VI. Maudit !................................. 67
VII. Un penseur au Père-La-Chaise............. 81

Un de plus ! un de moins !................... 89

Paris — E. De Soye, imprimeur, 2, place du Panthéon.

9 782019 945503